Annette Hirt

Lateinische Literatur – Schlag nach!

Vandenhoeck & Ruprecht

Bibliografische Information der Deutschen Nationalbibliothek

Die Deutsche Nationalbibliothek verzeichnet diese Publikation in
der Deutschen Nationalbibliografie; detaillierte bibliografische Daten
sind im Internet über http://dnb.d-nb.de abrufbar.

ISBN 978-3-525-71054-8

© 2009, Vandenhoeck & Ruprecht GmbH & Co. KG, Göttingen
Internet: www.v-r.de
Alle Rechte vorbehalten. Das Werk und seine Teile sind urheberrechtlich
geschützt. Jede Verwertung in anderen als den gesetzlich zugelassenen
Fällen bedarf der vorherigen schriftlichen Einwilligung des Verlages.
Hinweis zu § 52a UrhG: Weder das Werk noch seine Teile dürfen ohne
vorherige schriftliche Einwilligung des Verlages öffentlich zugänglich
gemacht werden. Dies gilt auch bei einer entsprechenden Nutzung für
Lehr- und Unterrichtszwecke. Printed in Germany.
Satz: Daniela Weiland, Göttingen
Druck und Bindung: ⊕ Hubert & Co, Göttingen

Gedruckt auf alterungsbeständigem Papier.

V&R

Vorwort

Liebe Schülerinnen und Schüler,

Ihr fragt euch, warum ihr (noch) ein Nachschlagewerk braucht? Im Lateinunterricht werden euch immer wieder Namen von Autoren oder Titel von Werken begegnen, die ihr irgendwie und irgendwo schon einmal gehört habt, aber nicht recht einzuordnen wisst. Dann schlagt ihr Stichwörter wie »Vergil«, »Ab urbe condita« oder »Epos« einfach nach und könnt euch umfassend informieren. Wichtige Begriffe findet ihr im Glossar am Ende erklärt. Es erwarten euch Artikel, die präzise, aber kurz, wissenschaftlich, aber nicht langweilig oder kompliziert eure Kenntnisse vervollkommnen. Jeder Artikel bildet für sich eine abgeschlossene Einheit, sodass ihr gezielt lesen könnt, ist aber auch durch Querverweise mit verwandten Artikeln verknüpft. Wenn ihr also Lust habt, dann lässt es sich prima von Artikel zu Artikel durch das Lexikon »surfen«.

Viel Spaß beim Lesen und Entdecken!
Annette Hirt (Juni 2009)

Ab urbe condita (entstanden: ca. 30 v. Chr. – 17 n. Chr.)

 Facturusne operae pretium sim ...

Die Geschichte der Stadt Rom bzw. die des römischen Volkes von Beginn an darzustellen ist kein geringes Unterfangen. Ob sich der römische Geschichtsschreiber → Livius, der Verfasser von *Ab urbe condita*, dessen bewusst war, ist ungewiss. Von 30 v. Chr. bis hin zu seinem Tod hat er an diesem monumentalen Werk gearbeitet, das 142 Bücher umfasst, aber nur fragmentarisch überliefert ist. In Seitenzahlen gerechnet wären das in modernen Textausgaben etwa 7000 Seiten. Trotz der Arbeitsdauer von 47 Jahren muss Livius schnell vorangekommen sein. Ganz in der Tradition römischer → Geschichtsschreibung verhaftet, schrieb er die Ereignisse jahrweise auf. Er beginnt seine Darstellung mit dem legendären Datum der Gründung Roms im Jahre 753 v. Chr. Sie endet 9 v. Chr., ein Schlusspunkt, der vermutlich nicht beabsichtigt war, sondern durch Livius' Tod willkürlich gesetzt wurde. In einem Großteil seines Werkes behandelt er die Bürgerkriege zur Zeit des → Niedergangs der Republik. Diese Krisenepoche war gewissermaßen Anschauungsmaterial, um aus der Vergangenheit zu lernen und für die Gegenwart eine Verbesserung herbeizuführen. Außer der Lehrhaftigkeit liegt ein weiteres Charakteristikum seines Werkes in der Lebendigkeit der Schilderung wichtiger Ereignisse. Dies erleichtert dem Leser das Verstehen der Vergangenheit.

Aeneis (entstanden: 29 – 19 v. Chr.)

 Arma virumque cano ...

In diesem von → Vergil erschaffenen → Epos wird die Herkunft und Abstammung der Römer von den Trojanern hergeleitet. Die römische → Geschichtsschreibung, die dem Epos nahe steht, hat keine überlieferten Daten und Fakten zu ihrer Frühgeschichte. Um diesem Mangel abzuhelfen, greifen römische Geschichtsschreiber und Epiker gerne auf die Aeneas-Sage zurück, derzufolge Aeneas, der Anführer der Trojaner und der Vergils Werk seinen Namen gebende Held, der Ursprung aller Römer ist und somit die Wurzel der römischen Geschichte.

Aeneas erhält von den Göttern den Auftrag, die überlebenden Trojaner aus ihrer zerstörten Stadt in eine neue, ihnen bereits vorherbestimmte Heimat (Italien) zu führen und sich mit dem dort ansässigen Volk mittels Heirat zu verbinden. Viele Prüfungen müssen sie bestehen, schwere Verluste erleiden und harte Kämpfe ausfechten. Immer wieder werden Aeneas und damit dem Leser Ausblicke auf die römische Geschichte in Form von Verheißungen und Vorausdeutungen gegeben, die bis in Vergils Gegenwart, dem sogenannten goldenen Zeitalter des Augustus (→ Augusteische Zeit), reichen und die Aeneas' und seiner Leute Mühsal erklären und rechtfertigen sollen.

Die *Aeneis* steht literarisch in der Tradition der beiden Epen *Ilias* und *Odyssee* des griechischen Dichters Homer (8. Jh. v. Chr.), auf die sie sich formal und vielfach auch inhaltlich bezieht. Abgesehen von dem hohen künstlerischen Wert, der sowohl Augustus als auch Vergils Dichterkollegen schnell bewusst wurde, trug der Identitätsgehalt der *Aeneis* sehr zur Bedeutung dieses Epos für die Römer bei. Man lebte nach Jahrzehnten der inneren Auseinandersetzungen und Kriege endlich wieder in Frieden und bekam nun in der Gestalt der *Aeneis* eine Erklärung und den Lohn für das lange Leiden.

Agricola (erschienen: 98 n. Chr.)

Clarorum virorum facta moresque posteris tradere ...

Der römische Geschichtsschreiber → Tacitus hat seinem Schwiegervater Agricola (40–93 n. Chr.) mit dieser gleichnamigen Biographie ein literarisches Denkmal gesetzt. Es war sein erster Beitrag zur → Geschichtsschreibung.

Als römischer Heerführer hatte Agricola viele Jahre die militärische Führung in Britannien gehabt, 77 n. Chr. bekleidete er das Amt des Statthalters der Provinz. Sein militärischer wie ziviler Einsatz, alles, was er in Britannien und damit für das

Römische Reich erreicht hatte, wird von Tacitus rühmend hervorgehoben.

Ähnlich wie im → *Bellum Gallicum* → Caesars werden nicht nur die historischen Ereignisse geschildert, sondern auch die Geographie Britanniens und die dort ansässigen Volksstämme beschrieben. Britannien in der Antike, aus der Sicht eines Römers – das macht diese Biographie lesenswert.

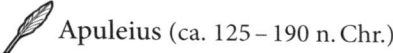 Apuleius (ca. 125 – 190 n. Chr.)

Lucius (dass dies sein Vorname ist, wird nur vermutet) Apuleius wurde um 125 n. Chr. in Numidien (Nordafrika) geboren und starb zwischen 180 und 190 n. Chr. Er war ein vielseitig interessierter, weit gereister und gebildeter Mann. Karthago, Athen, Griechenland, Asien, Rom und wiederum Afrika waren die Stationen seines Lebens und Lernens. Zunächst lebte er von einer beträchtlichen Erbschaft, die durch seine Reisen jedoch bald verbraucht war. Der Zufall half ihm. Eine reiche Witwe trat in sein Leben. Die Heirat der beiden hatte eher ungewöhnliche Folgen. Die Familie seiner Frau klagte ihn wegen Zauberei an, die er angeblich angewendet hatte, um sie für sich zu gewinnen. Apuleius, der rhetorisch sehr begabt war und in Rom als Anwalt gearbeitet hatte, verteidigte sich selbst mit der Verteidigungsschrift *Apologia* und wurde freigesprochen.

Sein schriftstellerisches Hauptwerk sind die *Metamorphoseon libri 11*, Verwandlungen in 11 Büchern (→ Roman). In ihm erzählt Apuleius sehr unterhaltend von einem jungen Griechen, der in einen Esel verzaubert lustige, amouröse, aber auch gefährliche Abenteuer erlebt oder deren Zeuge wird. Von seiner Tiergestalt wird er erst wieder erlöst, als er sich dem Kult der ägyptischen Göttin Isis zuwendet.

Die Einbettung zahlreicher Geschichten in die Haupthandlung steigert noch die Abwechslung und erinnert an den Roman *Satyrica* (Geschichten aus dem Land der Satyrn) → Petrons. Die *Metamorphoseon libri 11* bestehen jedoch durch weit mehr als ihren Unterhaltungswert. Sie sind sprachlich sehr ausgefeilt und zeigen – besonders in der Geschichte von Amor und Psyche –

große Einfühlsamkeit und eine weitreichende Nachwirkung in der darstellenden Kunst.

Ars Amatoria (erschienen: um das Jahr 0)

 Si quis in hoc artem populo non novit amandi ...

Die *Ars Amatoria* (Liebeskunst) ist ein → Lehrgedicht des augusteischen Dichters → Ovid. Es umfasst drei Bücher. Die beiden ersten enthalten Anweisungen für Männer, das dritte wendet sich an Frauen. Konkret geht es um Themen wie: Wo lernt man sich kennen? Wie nähert man sich dem Objekt des Wohlgefallens? Wie gewinnt man die Gunst des Anderen? Diese »Praxisorientiertheit« macht die *Ars Amatoria* zu einem Lehrgedicht. Eine eindeutige Gattungszuordnung ist dennoch nicht möglich, da als Versmaß nicht der für das Lehrgedicht typische Hexameter verwendet wurde, sondern das Elegische Distichon (Wechsel von Hexameter und Pentameter), was das Werk mehr in die Nähe der Liebeselegie, eine Form der → Lyrik, rückt.

Augusteische Zeit (27 v. Chr. – 14 n. Chr.)

Diese Epoche trägt den Namen des römischen Kaisers Augustus (63 v. Chr.–14 n. Chr.), weil er den Zeitabschnitt um Christi Geburt durch seine Persönlichkeit und seine Politik maßgeblich geprägt hat. Kein geringerer als → Caesar war sein Großonkel, der ihn adoptierte und zu seinem Erben einsetzte. Der zu dieser Zeit unter dem Namen Octavian bekannte junge Mann sollte politisch in die Fußstapfen seines großen Vorfahren treten. »Augustus« (der Erhabene) ist der Ehrenname, der ihm 27 v. Chr. vom Senat verliehen wurde.

Für das Römische Reich bewirkte er viel: Sicherheit an den Außengrenzen und im Land selbst. Nach über einem Jahrhundert der internen militärischen Auseinandersetzungen hatte Augustus dem Volke Roms erstmalig eine längere Phase des Friedens verschafft, die unter der Bezeichnung »Pax Augusta« (auch goldenes Zeitalter genannt) Einzug in die Geschichtsbücher gehalten hat.

Im Inneren des Reiches bewirkte diese Ruhephase eine Vergrößerung des Wohlstandes, das Aufblühen von Kunst und Kultur sowie die Entstehung zahlreicher Bauten. In der Literatur repräsentieren die drei Dichter → Vergil, → Horaz und → Ovid sowie der Geschichtsschreiber → Livius diese Epoche. Sie schufen die angesehensten und meist beachteten Werke der römischen Literatur überhaupt. Auch was Sitte und Moral angeht, wollte Augustus unter Berufung auf die altrömischen Werte eine Verbesserung herbeiführen und erließ zu diesem Zweck neue Ehegesetze, die u. a. eine härtere Bestrafung des Ehebruchs vorschrieben.

Doch das Entscheidendste und Nachhaltigste, was er eingeführt hat, war eine neue Regierungsform: das Prinzipat. Stark vereinfacht ausgedrückt, ist das Prinzipat der Form nach weiterhin die hochgeschätzte, ja fast unantastbare → Republik mit all ihren Organen, Ämtern und Magistraten, de facto handelt es sich jedoch um eine Monarchie. Damit war Augustus das gelungen, wozu Caesar nicht imstande war: die geschickte Tarnung der Alleinherrschaft durch die Form der Republik. In dem Titel des obersten Herrschers, »Princeps«, wird der Kunstgriff deutlich: Er bezeichnet ihn als den ersten, angesehensten Mann des Staates, ohne seine Herrscherrolle – anders als bei »dictator« oder »rex« – allzu sehr zu betonen. Bis zu Diokletians Amtsantritt im Jahre 284 n. Chr. sollte sich diese Regierungsform halten. Das Prinzipat ist als Beginn und länger währender Abschnitt der → Kaiserzeit zu betrachten.

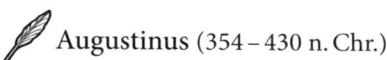 Augustinus (354–430 n. Chr.)

Aurelius Augustinus wurde 354 n. Chr. in Tagaste (in Numidien, heute Nordafrika) geboren und starb 430 n. Chr. in Hippo Regius (ebenfalls in Nordafrika). Er war von seiner Mutter christlich erzogen worden, machte aber während seiner Ausbildung und Lehrtätigkeit in seiner Heimat und in Rom die Bekanntschaft verschiedener philosophischer Richtungen, die ihn vom christlichen Glauben entfernten. Als Redner in Mailand hörte er die Predigten des Bischofs Ambrosius, die ihn faszinierten, weil er in ihnen philosophisches und christliches Denken als Einheit erlebte. Das brachte ihn dem christlichen Glauben wieder näher, bis er sich schließlich 387 n. Chr. taufen ließ. Die darauf folgenden Jahre verbrachte er – teils in Italien, teils in Nordafrika – mit Selbstfindung. Im Jahre 395 n. Chr. wurde er selbst Bischof von Hippo Regius.

Von seiner Taufe bis zu seinem Tod zeigte er eine reiche literarische Produktion. Er hat mehr als 93 Werke verfasst, in denen er sich mithilfe seines scharfen Verstandes systematisch und ausführlich mit unterschiedlichen philosophischen Schulen und dem christlichen Glauben auseinandersetzt. Sein gesamtes literarisches Schaffen dokumentiert gewissermaßen seinen Lebensweg. Über seine bewusste Hinwendung zum Christentum schreibt er in den → *Confessiones*. Sein bekanntestes Werk, → *De civitate Dei*, ist eine Verteidigungsschrift des christlichen Glaubens. Als Universalgelehrter, der die Kunst der → Rede, die → Philosophie, die Theologie und die → Geschichtsschreibung beherrschte, hat er großen Einfluss auf die Entwicklung der Kirche in Nordafrika gehabt und eine nachhaltige Wirkung auf das → Mittelalter ausgeübt. Deshalb kennen wir ihn als bedeutendsten Kirchenvater der Antike und als Ideengeber für den nach ihm benannten mittelalterlichen Augustinerorden.

Bellum Gallicum (erschienen: ca. 51 v. Chr.)

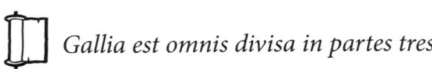
Gallia est omnis divisa in partes tres …

Titel und Beginn dieses Geschichtswerkes von → Caesar sagen aus, um welches Ereignis und welchen Schauplatz es hier geht: seinen viele Jahre hindurch geführten und letztlich erfolgreichen Krieg in und um Gallien, das 51 v. Chr. zur römischen Provinz wurde. In insgesamt acht Büchern wird der Verlauf des Krieges detailliert geschildert, von den gegnerischen Völkern berichtet, die einzelnen Feldzüge beschrieben und gelegentlich eine geographische Übersicht der Schauplätze gegeben.

Bemerkenswert ist der Stil, in dem Caesar geschrieben hat. Um den Eindruck großer Objektivität zu erzeugen, schrieb er sehr sachlich und schmucklos, verwendete für sich selbst die dritte Person Singular und betitelte sein Werk bescheiden, aber wirkungsvoll »commentarii« (Aufzeichnungen). Diese Nüchternheit war neu in der römischen → Geschichtsschreibung und ließ Caesar auch auf literarischem Gebiet Herausragendes leisten.

 Brief (Ursprung: ungefähr 1. Hälfte des 4. Jh. v. Chr.)

Die schriftliche Nachricht, die die Kommunikation zweier Menschen ermöglicht, die sich nicht am gleichen Ort befinden, gibt es seit dem Aufkommen der Schriftsprache. Als literarische Gattung ist der Brief mehr seiner Form halber als wegen seines Inhalts als solche zu bezeichnen. Er ist, ähnlich wie die → Rede, ein Medium, um verschiedene Inhalte zu transportieren. Er kann z. B. persönliche Informationen wie in den Briefen → Ciceros enthalten (die sogenannten echten Briefe) oder philosophische Reflexionen wie in den → *Epistulae morales* → Senecas (die sogenannten Kunstbriefe, die sich zwar konkret an eine einzelne Person richten können, aber schon bei ihrer Abfassung auch für die Allgemeinheit gedacht sind). Von den *Epistulae* des Plinius gehört der Briefwechsel mit Kaiser Trajan (98–117 n. Chr.) zu den echten Briefen, die Briefe an seine Freunde zählen zu den Kunstbriefen. Außerdem gibt es noch die fingierten Briefe, also solche, deren Inhalt sich ein Autor im Namen einer anderen Person ausdenkt und ihr zuschreibt.

Auf seiner ursprünglichen Funktion basiert der Stil des Briefes: geschliffen, aber nicht erhaben; gelehrt, aber nicht gekünstelt. Dies gilt nicht für Briefe, die in Versen verfasst sind und somit der Dichtung angehören. Die herausragendsten poetischen Briefe sind die *Epistulae* des → Horaz sowie → Ovids *Heroides* (fingierte Liebesbriefe) und *Epistulae ex ponto* (Briefe aus der Verbannung).

Ferner ist der Brief die älteste christliche Literaturform, die einen großen Umfang des im 1. und 2. Jh. n. Chr. entstandenen

Neuen Testaments einnimmt (z. B. die Briefe des Apostels Paulus). Auch die meisten Briefe des Klerus im → Mittelalter oder der Humanisten in der → Neuzeit dienten dem Zweck, sich mitzuteilen und Gedanken auszutauschen.

Caesar (100–44 v. Chr.)

Gaius Julius Caesar, 100 v. Chr. geboren, wurde am 15. März 44 v. Chr. (die berühmten Iden des März) ermordet. Wenn es darum ging, politische Ziele mit militärischen Mitteln durchzusetzen, war er der bei weitem talentierteste Mann der römischen Antike. Im Gegensatz zu seinem Zeitgenossen und politischen Widersacher → Cicero besaß Caesar nicht nur eine große rhetorische und schriftstellerische Begabung, sondern außerdem politische und militärische Genialität. Kurz gesagt: Cicero war Denker, Caesar Denker und Macher. In der Epoche des → Niedergangs der Republik wusste er sich stets mit den richtigen Männern zu verbünden. In den Jahren 58–51 v. Chr. unterwarf er ganz Gallien und machte es zur römischen Provinz. Durch die Kriegsbeute wurde er reich und damit so mächtig, dass der Senat ihm die Statthalterschaft in Gallien entziehen wollte. Caesar setzte das ihm bekannte und bewährte Mittel ein: die militärische Auseinandersetzung. Der Bürgerkrieg (49–45 v. Chr.) machte ihn als Sieger zum Alleinherrscher. Doch die geistige Elite war noch nicht so weit, sich mit dieser Herrschaftsform zu arrangieren. Mehrere Politiker, die, wie Cicero, dem Ideal der Römischen → Republik nachhingen, verschworen sich gegen ihn. Es kam zum spektakulärsten Attentat der Epoche. Sein Adoptivsohn Octavian (→ Augusteische Zeit) erreichte wenig später die gleiche Machtposition, zeigte jedoch mit der Errichtung des Prinzipats mehr Einfühlungsvermögen in die Stimmung der Zeit und schuf damit eine dauerhafte Herrschaftsform. Caesar war die Schlüsselfigur für den Umbruch zur Monarchie. Dies und seine schillernde Persönlichkeit – man könnte ihn als charismatisches Universalgenie bezeichnen – führten zu einer enormen Nachwirkung: Sein Name wurde zum Titel (Kaiser, Zar); er und sein Leben bieten bis heute immer wieder Stoff für

Literatur und Film. Der Schauplatz seines Schaffens war auch Mittelpunkt seiner schriftstellerischen Tätigkeit. Seine Tatenberichte über den gallischen Krieg (→ *Bellum Gallicum*) und über den Bürgerkrieg (*Bellum civile*) sind ein wichtiger Teil der römischen → Geschichtsschreibung.

Carmina Burana (entstanden: 11.–13. Jh. n. Chr.)

 Manus ferens munera …

Die *Carmina Burana* (Lieder aus Beuren) sind nach dem Fundort ihrer Handschrift benannt – dem Kloster Benediktbeuren in Bayern. Die Handschrift enthält eine Sammlung von ungefähr 250 Liedertexten aus dem 11. bis 13. Jh., wobei die Verfasserschaft größtenteils ungeklärt ist. Die meisten Lieder sind in lateinischer Sprache verfasst und wurden von Studierenden oder Studierten, die auf Wanderschaft waren und Geld für ihren Lebensunterhalt brauchten, dem lateinkundigen Publikum zur Unterhaltung vorgetragen. Diesem Zweck entsprechend handelt es sich vielfach um Liebes-, Trink- oder Spottlieder. Aber auch geistliche Texte sind in der Sammlung vorhanden. Zusammengenommen geben die Lieder ein interessantes Bild von Kultur und Lebensart des → Mittelalters. Die Lieddichtungen gehören zur Gattung → Lyrik in ihrem ursprünglichen Sinn. Die Originalmelodien kann man bei sehr wenigen Texten aus diesbezüglichen Notizen erschließen. 1937 hat Carl Orff die *Carmina Burana* durch eine Neuvertonung von 24 Liedern zu neuer Berühmtheit gebracht.

Catilinae Coniuratio (entstanden: 42/41 v. Chr.)

 *Omnis homines qui sese student praestare ceteris animalibus …*

→ Sallusts *Catilinae Coniuratio* (Die Verschwörung des Catilina) beginnt mit einer Vorrede, in der er betont, wie bedeutend der Geist des Menschen ist, genauso bedeutend wie der Körper.

Große Taten haben keine Nachwirkung, wenn nicht ein großer Geist sie für die Nachwelt festhält. Insoweit seine Bekennung zur → Geschichtsschreibung.

In Sallusts historischer Darstellung geht es um den jungen L. Sergius Catilina, der im Jahre 63 v. Chr. versucht, die Staatsführung gewaltsam an sich zu reißen. Es geht ihm nicht darum, eine bessere Politik zu machen, sondern darum, sich durch diese Machtposition zu bereichern. Um dieses Ziel zu erreichen, tut er sich mit Gleichgesinnten zusammen.

Sallust erzählt die Geschichte dieser Verschwörung von Anfang bis Ende. Doch tut er dies nicht um ihrer selbst willen. Sie ist nur ein kleines Ereignis im Großen und Ganzen des → Niedergangs der Republik. Sallust betrachtete die Verschwörung bzw. ihren Anführer als Symptom einer Krankheit, deren Ursachen es aufzuspüren galt. An der Verkommenheit von Catilinas Charakter demonstriert er den Verfall der Sitten, der schon vor längerer Zeit begonnen hatte und – so meinte Sallust – die Hauptursache für den Untergang der Republik war.

Glanzvoller Höhepunkt seiner Darstellung ist das Rededuell im Senat zwischen Caesar und Cato dem Jüngeren.

Catull (ca. 84 – 54 v. Chr.)

Gaius Valerius Catullus wurde 84 v. Chr. in Verona geboren. Er ist nur 30 Jahre alt geworden, hatte also ein kurzes Leben, über das nur wenig bekannt ist.

Berühmt geworden ist er vor allem durch seine leidenschaftlichen Liebesgedichte (→ Epigramm). Doch zeigen seine insgesamt 116 Gedichte (*Carmina*) eine wesentlich größere Vielseitigkeit. Die meisten von ihnen sind Momentaufnahmen seines Lebens, in denen er scheinbar unbedeutende Begebenheiten und Beobachtungen mit großer Gefühlsintensität festhält. Er selbst bezeichnete diese Augenblicks-Gedichte als »nugae« (Kleinigkeiten), die sie aber, was ihre künstlerische Ausformung angeht, keineswegs sind.

Die Hauptleistung seiner → Lyrik war die Einführung eines neuen Stils, der sich an der griechischen Dichtkunst orientierte, von hoher Emotionalität geprägt war und unter dem Motto stand: klein, aber fein; oder vielmehr: je kleiner, desto feiner. Das trifft besonders auf sein berühmtestes und kürzestes Gedicht »odi et amo« (ich hasse und liebe) zu. Noch nie hatte ein einzelnes Wort so viel Aussagekraft.

Eine ganze Reihe von Dichtern verschrieb sich dieser neuen alten Richtung: Sie nannten sich Neoteriker (aus dem Griechischen = die Neueren), von → Cicero wurden sie auch als »die Modernen« bezeichnet. Lange hielten sie sich nicht. Mit Catull und seinen Mitstreitern starb auch bald die Neoterik.

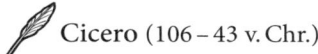

Cicero (106 – 43 v. Chr.)

Marcus Tullius Cicero wurde 106 v. Chr. in Arpinum (heute Arpino) geboren und 43 v. Chr. von seinen politischen Gegnern ermordet. Ein bewegtes Leben in einer bewegten Zeit (→ Niedergang der Republik) – so könnte die Kurzfassung seiner Biographie lauten. Als Redner brilliant, als Schriftsteller von großer stilprägender Prägnanz und Eleganz sowie von einer immensen literarischen Produktion, ist er die antike Persönlichkeit mit der größten kulturellen Nachwirkung bis in unsere Gegenwart.

Zu seinem Gesamtwerk gehören → Reden, Schriften (rhetorische wie philosophische) und → Briefe. Die politischen Reden zeigen ihn uns als Staatsmann streng republikanischer Gesinnung, die zahlreichen Briefe offenbaren den Privatmann und sind bedeutend, weil sie uns ein detailliertes Bild seiner Zeit vermitteln. In seinem philosophischen Werk (→ *De re publica*) zeichnet er ein Idealbild des Staates, das dem der Römischen → Republik entspricht. Der → Philosophie widmete er sich jedoch erst in späteren Jahren. Der Beginn seiner Karriere fand als Redner auf dem Forum statt. Eckpfeiler seiner rhetorischen Meisterleistungen sind folgende Reden: Die Anklage gegen Verres im Jahre 70 v. Chr. wegen Ausbeutung der Provinz Sizilien, deren Statthalter er gewesen war. Cicero gewann den Prozess und stand seitdem in dem Ruf, der beste Redner Roms zu sein. Höhepunkt seiner politischen Karriere waren die von ihm als Konsul im Jahre 63 v. Chr. vor Senat und Volk gehaltenen vier Reden gegen den Staatsfeind und Aufrührer Catilina. Dessen Verschwörung zur Machtergreifung im Staat wurde dank Ciceros Wachsamkeit aufgedeckt und Catilina per Senatsbeschluss zum Tode verurteilt. Die 14 Philippischen Reden gegen Marcus Antonius, den Feind jedweder republikanischen Gesinnung und folglich Ciceros Widersacher, sind zwar sehr bekannt, aber politisch wirkungslos, da der Machtkampf nach → Caesars Tod nur durch Taktieren und Einsatz von Waffen entschieden wurde. Diese Reden dokumentieren eindrucksvoll Ciceros unermüdlichen Einsatz für das Ideal der »res publica«. Doch wenn drei politisch starke Männer – außer Antonius noch Octavian (→ Augusteische Zeit) und Lepidus – gewalttätig nach Macht bzw. Alleinherrschaft streben, hat ein Mann der reinen Worte keine Chance. Cicero musste für seinen politischen Eifer mit dem Leben bezahlen.

Confessiones (entstanden: um 400 n. Chr.)

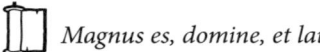 *Magnus es, domine, et laudabilis valde ...*

Die *Confessiones* (Bekenntnisse) des Kirchenvaters → Augustinus sind aus Dank an den Schöpfer für seine Bekehrung zum christlichen Glauben von ihm geschrieben worden. Bis zu seiner endgültigen Hinwendung zum Christentum war es ein langer, steiniger Weg. Er war von Zweifeln, neuen Hoffnungen, inneren Kämpfen und Krisen geprägt. Augustinus hat eine Entwicklung erfahren, wie kein anderer Römer vor ihm: vom Christen zum heidnischen Philosophen und wieder zum Christen (mit starkem philosophischen Einschlag). Über diesen Weg berichtet er in den *Confessiones*, erläutert seine innere Entwicklung und legt Rechenschaft über sich selbst ab. Für uns sind es interessante, tiefen Einblick gewährende autobiographische Betrachtungen eines Christen und eines großen Denkers.

De civitate Dei (entstanden: 413–426 n. Chr.)

 Gloriosissimam civitatem dei sive in hoc temporum cursu …

De civitate Dei (Über den Gottesstaat) gehört zu den Spätwerken des Kirchenvaters → Augustinus und zählt zu seinen wichtigsten und einflussreichsten. Der konkrete Anlass der Abfassung war mit der Eroberung Roms durch den Westgoten Alarich im Jahre 410 n. Chr. gegeben. Mit dem Fall Roms waren schwere Vorwürfe gegen die Christen erhoben worden. Die nicht christianisierten Römer führten den Untergang Roms und die Zerschlagung des weströmischen Reiches auf die Tatsache zurück, dass die heidnischen Götter und alten Traditionen durch das Aufkommen des Christentums vernachlässigt worden seien.

De civitate Dei ist eine Verteidigungsschrift und ein Geschichtswerk (→ Geschichtsschreibung), in dem Augustinus darlegt, dass es schon vor der Existenz der Christen, also im heidnischen Rom, Krisen des Reiches gegeben hat. Mit diesem unwiderlegbaren Argument entlastet er die Christen. Doch dabei lässt er es nicht bewenden. Er streicht auch noch die Überlegenheit der Christen, die auf ihrem Glauben an ein ewiges Leben beruht, gegenüber den Heiden heraus. Schließlich wird der Gottesstaat (daher der Titel) siegen über die Gemeinschaft der Ungläubigen. Mit dieser Grundsatzerklärung hat Augustinus das Selbstbewusstsein der Christen gestärkt und eine solide Basis für das Christentum des → Mittelalters geschaffen.

De re publica (entstanden: 54–51 v. Chr.)

 … impetu liberavissent, nec …

In → Ciceros Schrift *De re publica* (Über den Staat) wird der vom Römer als Teil des menschlichen Daseins empfundene Staat zum Gegenstand philosophischer Betrachtung (→ Philosophie). Cicero lässt in Dialog-Form von hauptsächlich zwei Gesprächsteilnehmern – Scipio und Laelius – u. a. die Fragen erörtern, wie man den Begriff Staat definiert, welche Verfassung die beste ist, welches die Aufgaben eines Staatsmannes sind und wie der ideale Staatsmann sein sollte. In Form und Inhalt ist *De re publica* an das ebenfalls in Dialog-Form geschriebene Werk *Politeia* (Der Staat) des griechischen Philosophen Platon (427–348/347 v. Chr.) angelehnt.

Die nur zu Teilen (etwa die Hälfte) überlieferte Schrift Ciceros zeigt, dass in seinen Augen Theorie und Praxis nicht auseinanderklafften. Für Cicero war die Römische → Republik der ideale Staat mit der idealen Verfassung (eine Mischung der drei Staatsformen Monarchie, Aristokratie, Demokratie). Aus diesem Grund hat er Zeit seines Lebens für den Erhalt bzw. später für die Wiederherstellung der Republik gekämpft.

 Epigramm (Ursprung: 6. Jh. v. Chr.)

Die Gattung Epigramm ist griechischen Ursprungs und erklärt sich zunächst aus ihrer Wortbedeutung: Aufschrift. Auf Gegenstände und Gebäude verschiedenster Art und Funktion wurden Verse zu deren Erklärung geschrieben.

Gegen Ende des 6. Jh. v. Chr. wurde aus der lyrischen Aufschrift (→ Lyrik) eine literarische Gattung für kurze, gefühlvolle oder geistreiche Gedichte mit einer überraschenden Wendung am Schluss.

Für das Epigramm als emotionale Ausdrucksform steht → Catull. Der römische Dichter → Martial, der auch als Meister des Epigramms bezeichnet wird, pflegte das pointierte Epigramm und füllte es mit satirischem Inhalt (→ Satire). Seine Ausformung des Epigramms war und blieb nicht nur Vorbild für die (lateinischen) Dichter der Renaissance, sondern für die Gattung schlechthin.

 Epistulae (→ Plinius)

Epistulae morales (entstanden: 62 – 64 n. Chr.)

   Ita fac, mi Lucili, vindica te tibi …

Als → Seneca die *Epistulae morales* (Ethische Briefe) an seinen Freund Lucilius richtete, hatte er sich bereits aus dem Leben am Hofe Kaiser Neros (54–68 n. Chr.) zurückgezogen und ganz der → Philosophie gewidmet.

Diese beschäftigt sich meistens mit der einen Frage: Wie erlangt der Mensch Glückseligkeit? Hierüber äußert sich Seneca in seinen 124 Lehrbriefen, indem er Themen abhandelt, die das menschliche Dasein betreffen. Es geht um das Gute, das Glück, den Tod etc. und natürlich um die dazugehörigen Ratschläge, wie der Mensch zu seinem eigenen Besten mit diesen Lebenssituationen oder Gemütsregungen umgeht. Die sorgfältige Gedankenführung und der ausgefeilte Stil der Briefe offenbaren sie als bloße Form, in die er seine philosophischen Ausführungen hineingießt, also Kunstbriefe (→ Brief). Der lockere Plauderton der Lehren Senecas machte seine *Epistulae morales* zu einem beliebten Werk.

Epos (Ursprung: Ende 8. Jh. v. Chr.)

Das Epos ist eine breit angelegte Erzählung (meist in Versen), die in feierlich erhabener Sprache mythische oder geschichtliche Ereignisse darstellt – zuweilen auch beides ineinander verwoben (→ *Aeneis*). Aufgrund seines Inhalts ist die Nähe des Epos zur → Geschichtsschreibung nicht zu übersehen. Gehalt und Atmosphäre des Epos werden wesentlich durch die jeweiligen politischen und zeitgeschichtlichen Umstände bestimmt. Beginnt mit Ennius (239–169 v. Chr.) die Eroberung dieser Gattung für die römische Literatur, so ist mit → Vergil ihr Höhepunkt erreicht. Bei ihm fließt alles zusammen: Aufbau, Sprache, Verskunst, innere Bezüge und eine kunstvolle Darstellung. Fortan ist seine *Aeneis* Vorbild für alle späteren Epen. Sein Einfluss reicht über die römischen Enpendichter der früheren → Kaiserzeit bis zu denen des hohen → Mittelalters. In der späteren Kaiserzeit (ab der 2. Hälfte des 4. Jh. n. Chr.) entwickelte sich das christliche Epos, als dessen Begründer Prudentius (ca. 348–405 n. Chr.) gilt.

Erasmus von Rotterdam (ca. 1467–1536)

Erasmus von Rotterdam wurde um 1467 in Rotterdam geboren und starb nach einem ereignisreichen Leben 1536 in Basel. Seine Vielseitigkeit, sein Intellekt, seine Beflissenheit, sein Geistesreichtum und die Schärfe seines Verstandes machten ihn zu einem der bekanntesten Universalgelehrten und Schriftsteller seiner Zeit. Er war in den Niederlanden, Frankreich und England gleichermaßen zu Hause, studierte in Italien, lebte in Basel und Freiburg – nach heutigem Verständnis würde man ihn als Kosmopoliten bezeichnen. Aber nicht nur räumlich, auch geistig war er überall beheimatet. Als Humanist beherrschte er alle für diese Geisteshaltung, ja Lebenseinstellung notwendigen Disziplinen: die Theologie, → Philosophie und vor allem Philologie. Alle drei dienten der von den Humanisten angestrebten Erschließung des von ihnen als Ideal angesehenen antiken Schrifttums, zu dem natürlich auch die *Bibel* gehört. Insofern waren Heidentum (vertreten durch die klassischen lateinischen Werke) und Christentum für Erasmus und andere Humanisten kein Widerspruch.

Seine Persönlichkeit lässt sich am leichtesten an seiner Haltung bzw. Zurückhaltung gegenüber der rasantesten Entwicklung des Beginns der → Neuzeit festmachen, an der Reformation. Durch die von ihm insbesondere in den beiden Satiren *Enchiridion militis Christiani* (Handbuch eines christlichen Streiters) und *Encomium moriae* (Lob der Torheit) geäußerten scharfen Kritik an der katholischen Kirche war er an der Entstehung der Reformation nicht ganz unschuldig. Den Missbräuchen seitens der Kirche entgegenzuwirken, war das gemeinsame Ziel der Humanisten wie auch der Reformatoren. Doch der Weg zum Ziel löste eine hitzige Debatte (in Form eines Briefwechsels) zwischen Erasmus und Luther (1483–1546) aus. Nach Luthers Ansicht, der unnachgiebig sein Ziel verfolgte und es letztlich auf eine Glaubensspaltung ankommen ließ, war Erasmus zu unentschlossen. Dieser wollte lediglich innere Reformen der Kirche bewirken. Er war ein sehr friedliebender, nicht auf Entzweiung, sondern auf Vermittlung bedachter Mensch. Als ihm und anderen Humanisten die Reformation zu radikal wurde, distanzierten sie sich deutlich von der Reformation und ihren Vertretern.

Eine große philologische Leistung war Erasmus' textkritische gedruckte Ausgabe des *Neuen Testaments* in Griechisch im Jahre 1516. Lesenswert sind seine literarischen Werke, alle in lateinischer Sprache verfasst, wegen seines brillanten Ausdrucksvermögens. Sein Stil erntete überall höchste Anerkennung.

 Fabel (Ursprung: 1. Jh. n. Chr.)

Bei der Fabel handelt es sich um eine lehrhafte Erzählung, die darauf abzielt, dem Hörer bzw. Leser eine allgemein gültige Moral zu vermitteln. Diese wird ihr zuweilen in einem Promythion (= Vorwort) voran- oder in einem Epimythion (= Nachwort) nachgestellt. Wird die Lehre der Fabel nicht explizit vom Erzähler zusammengefasst, so ist der Leser dazu aufgefordert, ein Fazit zu ziehen. Oft sind die Akteure einer Fabel nicht Menschen, sondern personifizierte Tiere, die für bestimmte Charaktereigenschaften stehen: Der Fuchs ist schlau, die Eule weise etc.

Wie diese Definition vermuten lässt, sind Fabeln Geschichten, die zunächst mündlich überliefert wurden. Erst ab dem 8. Jh. v. Chr. beginnt die schriftliche Überlieferung. Der griechische Sklave Äsop (6. Jh. v. Chr.) gilt als Begründer der Fabelliteratur, ohne jedoch selbst schriftliche Zeugnisse hinterlassen zu haben, die dies bestätigen könnten. Dennoch steht sein Name fast synonym für die Fabel. Ursprünglich war sie eine Kleinform der Epik. Zu einer eigenständigen Literaturgattung mit z. T. neuen Schöpfungen und kunstvoller Ausgestaltung in Versen machte sie erst der römische Dichter → Phaedrus in der frühen → Kaiserzeit, wobei Avianus (um 400 n. Chr.) als weiterer bekannter Autor zu nennen ist.

Germania (erschienen: 98 n. Chr.)

Germania omnis ...

Die *Germania*, von →Tacitus verfasst, ist das erste und einzige Werk römischer →Geschichtsschreibung, das sich nicht nebenbei (wie →Caesars →*Bellum Gallicum* oder Tacitus' Erstlingswerk →*Agricola*), sondern ausschließlich mit einem Land, seinen Volksstämmen und deren Sitten und Gebräuchen befasst.

Dass die Sittlichkeit der Germanen, ihr treuer Charakter und ihre Tapferkeit dabei manchmal etwas überschwänglich von Tacitus gelobt werden, liegt an der zu seinen Zeiten verbreiteten Idealisierung der Naturvölker und an dem wehmütigen Rückblick auf die verloren gegangenen eigenen Tugenden, die das römische Volk einst auszeichneten. Trotz der Idealisierung zeugt diese Schrift von Respekt vor den Germanen und ist durchaus auch als Warnung vor ihnen zu verstehen. Für uns ist sie interessant, weil sie uns einiges über unseren Ursprung verrät.

Geschichtsschreibung (Ursprung: Mitte 6. Jh. v. Chr.)

Im weiteren Sinne umfasst die Geschichtsschreibung alle Aufzeichnungen (Amtslisten, Tatenberichte großer Herrscher, Dichtungen etc.), die sich mit Geschichte auseinandersetzen.

Im engeren Sinne ist sie in der Antike eine Literaturgattung in Prosa und als solche aus heutiger Sicht mehr Kunst als Wissenschaft. Ein jeder Geschichtsschreiber berief sich zwar auf die Wahrhaftigkeit seiner Darstellung, aber letztlich erregte die kunstvolle Anordnung oder auch Ausschmückung der Fakten mehr Bewunderung als deren Wahrheitsgehalt. Ferner diente die Geschichtsschreibung (neben der →Rede) besonders in der →Republik manchem Staatsmann als Mittel, seine Meinung zu äußern und somit Politik zu machen.

Dementsprechend war der erste römische Geschichtsschreiber und Begründer der römischen Prosa der Staatsmann und Redner Cato der Ältere (234–149 v. Chr.). Trotz der Orientierung an griechischen Vorbildern flossen bald eigene Traditionen ein, wie beispielsweise die jahrweise Aufzeichnung geschichtlicher Ereignisse – genannt Annalistik. Dieses typisch römische Element zeigt sich u. a. in den Geschichtswerken der beiden größten römischen Geschichtsschreiber → Livius und → Tacitus.

Doch die Gattung kennt die verschiedensten Formen: Es gibt Biographien (z. B. von → Nepos und Sueton (ca. 70–150 n. Chr.)), Tatenberichte (z. B. → Caesars → *Bellum Gallicum*), Darstellungen einzelner Ereignisse (z. B. → Sallusts → *Catilinae Coniuratio*), Universalgeschichten etc.

Außerdem variiert sie in ihren Tonlagen, in ihrem Anspruch an sich selbst: Zuweilen will sie unterhalten, häufig belehren und manchmal auch als Verteidigung (meistens des eigenen Verhaltens) dienen.

In der späteren → Kaiserzeit und im → Mittelalter geriet die römische Geschichtsschreibung immer mehr unter den Einfluss des Christentums. Besonders gerne widmeten sich die mittelalterlichen Geschichtsschreiber Universalgeschichten, da sie sie aufgrund ihrer großen Zusammenhänge als Heilsgeschichte darstellen konnten.

Horaz (65 – 8 v. Chr.)

Quintus Horatius Flaccus wurde 65 v. Chr. in Venusia (heute Venosa) in Süditalien geboren und starb im Jahre 8 v. Chr. Sein Vater war ein Freigelassener, der es zu genügend Wohlstand gebracht hatte, um seinem Sohn eine hervorragende Ausbildung zukommen zu lassen. Diese fand teils in Rom, teils in Athen statt. Hier ließ sich Horaz in den inzwischen nach Griechenland verlagerten Machtkampf um die Nachfolge des 44 v. Chr. ermordeten Diktators → Caesar verwickeln und verlor mit denen, die gegen Caesars Diktatur und für die Wiederherstellung der → Republik waren. Nach der Niederlage in der Schlacht bei Philippi (42 v. Chr.) kehrte Horaz nach Rom zurück. Da er auf Seiten der Verlierer gekämpft hatte und dadurch finanziell mittel- und politisch chancenlos geworden war, musste er sich dort als Sekretär verdingen. Ihm blieb Zeit und Muße, sein dichterisches Talent zu entfalten. → Vergil und ein weiterer Dichterkollege und Freund Varius führten ihn 38 v. Chr. in den Dichterkreis des Maecenas ein, mit dem Horaz bis an sein Lebensende eng befreundet war. Er genoss auch die Wertschätzung und Gunst des Augustus (→ Augusteische Zeit), in dessen Dienst er sich dennoch nicht stellen wollte.

Sein dichterisches Schaffen umfasst die *Satiren* und die *Epistulae* (beides in Hexametern verfasste Werke in Dialog- bzw. Briefform über Themen wie Moral, Literatur und → Philosophie); ferner die *Epoden* (17 Gedichte, in denen er überwiegend private oder politische Themen behandelt) und vor allem die *Oden* (mehr als 100 Gedichte, die 33–13 v. Chr. entstanden sind).

Bei der Lektüre der *Oden* zeigt sich, welch privater Natur diese meist kurzen und sehr prägnanten Gedichte sind. Horaz' persönliches Anliegen gilt den Themen Politik, Freundschaft – insbesondere die zu Maecenas und Vergil –, Liebe, Lebensgenuss, Moral, Ethik etc. Das gesamte Spektrum des Lebens: Horaz bringt es in leicht anmutende, lyrische Verse. In ihnen finden sich sowohl Lebensweisheiten wie »carpe diem« (nutze den Tag), die Weltruhm erlangt haben, als auch die stets von ihm vertretene Philosophie des Maßhaltens, der »aurea mediocritas«, der goldenen Mitte, die sich wie ein roter Faden durch sein Gesamtwerk zieht. Der erst in der → Kaiserzeit entstandene griechische Titel *Oden* (= Gesänge) steht in Zusammenhang mit dem griechischen Ursprung der Dichtungsgattung → Lyrik (Gesang zur Lyra). Ein lyrisches Meisterwerk wie die *Oden* hatte es in Rom bis dahin nicht gegeben. Bereits vor Horaz' Tod wurden sie zur Schullektüre und brachten ihm den Ruhm ein, der Begründer der römischen Lyrik zu sein.

 Kaiserzeit (27 v. Chr. – etwa Mitte 6. Jh. n. Chr.)

Die römische Kaiserzeit beginnt 27 v. Chr. mit der Alleinherrschaft des Augustus (→ Augusteische Zeit) und endet mit dem Tod Justinians (letzter Kaiser Ostroms) im Jahre 565 n. Chr. Die Zeitspanne von nahezu 600 Jahren mag zu der Annahme verleiten, dass es in dieser Epoche keine Krisen und Bürgerkriege gegeben hat. Doch dies täuscht. Es war eine Zeit einschneidender Veränderungen sowie großer Höhen und Tiefen.

Im 1. Jh. n. Chr. zeigte der politische Weg, den Augustus eingeschlagen hatte, insoweit Erfolg, als die Römer in Frieden und Wohlstand lebten. Mit der Einführung des Prinzipats hatte sich jedoch die politische, kulturelle und somit auch literarische Landschaft verändert. Die einstmals wichtigen Senatoren und Staatsmänner, die durch → Rede und Schrifttum Entscheidendes zum geistigen Leben der → Republik beigetragen hatten, verloren an Bedeutung. Fortan verfiel die Redekunst, und Literatur entstand mehr im privaten als im politisch-öffentlichen Bereich. Sie war eher unterhaltend, belehrend oder wiederholend, aber nicht richtungsweisend. Hierher gehören die *Fabeln* des → Phaedrus, die Briefe → Senecas und → Plinius' des Jüngeren, die *Epigramme* → Martials, ferner auch → Petrons *Satyrica* (Geschichten aus dem Land der Satyrn), ein der neuen Gattung → Roman zugehöriges Werk. Eine Ausnahme bildet → Tacitus, der den Höhepunkt der römischen → Geschichtsschreibung darstellt.

Außen- und innenpolitisch unruhig wurde es erst wieder im 3. Jh. n. Chr., als Uneinigkeit darüber herrschte, wie und vor allem wo die enormen Außengrenzen des Reiches gegen die von allen Seiten einfallenden Völker zu verteidigen seien. Es kam zu zahlreichen Bürgerkriegen.

Außer den Völkerwanderungen prägt das langsam aufkommende, sich im Jahre 391 n. Chr. mit Erhebung zur Staatsreligion endgültig durchsetzende Christentum die Epoche. Durch die neue Lehre Jesu Christi, derzufolge alle das Heil Gottes (d. h. das ewige Leben im Paradies) erwarten durften, fühlten sich viele Menschen angesprochen. Neu war Jesu Umdeutung des *Alten Testaments*. Er sieht Gott als gütig an und grundsätzlich bereit, den Menschen ihre Sünden zu vergeben. Dafür mussten sie allerdings ihr untadeliges Leben ändern. In einer Zeit, in der das Reich Gottes und das mit ihm verbundene Weltgericht erwartet wurde, gab Jesus den Menschen mit dieser Lehre Hoffnung. Er zog viele Anhänger an sich, aber auch den Zorn seines eigenen Volkes auf sich. Die Juden, die bei der alten Lehre blieben, bekämpften ihn, bis er um 30 n. Chr. in Jerusalem gekreuzigt wurde. Seine von ihm auserwählten Jünger, die 12 Apostel, bildeten den Kern der sogenannten Urgemeinde und hatten den Auftrag zur weiteren Verbreitung der nach Christus benannten Lehre sowie zur Bestimmung ihrer Nachfolger (das spätere Bischofsamt). Leicht hatten sie es nicht. Das Christentum befand sich nicht nur im Konflikt mit den jüdischen Lehren und Gesetzen, sondern auch mit dem römischen Kaisertum, da die Christen es aus Glaubensgründen ablehnen mussten, dem Kaiser als Gott zu huldigen. Im Laufe der 2. Hälfte des 2. Jh. hatte sich eine frühchristliche Kirche herausgebildet. Verfolgt wurden die Christen jedoch bis Anfang des 4. Jh. Als Glaubensgrundlage berufen sie sich auf die in Griechisch verfassten Schriften des *Neuen Testaments*, die im 1. und 2. Jh. n. Chr. entstanden sind und als erste christliche Literatur gelten.

Im Laufe des 2. Jh. entwickelte sich eine lateinischsprachige christliche Literatur. Unter den vielen christlichen Schriftstellern der folgenden Jahrhunderte ragen die Kirchenväter Hieronymus (ca. 340–420 n. Chr.) und → Augustinus heraus. Hieronymus hat die *Bibel* ins Lateinische übersetzt, die sogenannte *Vulgata*, die die weitere Entwicklung und Verbreitung des Christentums förderte. Augustinus reagierte mit seinem Werk → *De civitate Dei* auf den Vorwurf, das Zerfallen des Römischen Reiches beruhe auf der Vernachlässigung der heidnischen Götter.

Doch war es vor allem der außenpolitische Druck, der 395 n. Chr. zur Reichsteilung und 476 n. Chr. zum Untergang des weströmischen Reiches führte. In dieser Zeit schrieb Boethius – genannt »der letzte Römer«, weil er als letzter Schriftsteller im antiken Sinn Gedankengut verarbeitete – kurz vor seiner Hinrichtung, die *Consolatio Philosophiae* (Trost der Philosophie).

Das oströmische Reich, dessen Hauptstadt Konstantinopel war, konnte sich aufgrund mehrerer günstiger Faktoren bis zum Tode Justinians halten. Nach ihm brach auch das oströmische Reich zusammen, der Herrschertitel lautete nicht mehr Imperator, sondern Basileus, und Griechisch wurde zur Amtssprache.

Der Macht- und Platzanspruch der in den Mittelmeerraum dringenden Völker, der Untergang des weströmischen Reiches, der Übergang des oströmischen Reiches in das sogenannte byzantinische Reich und nicht zuletzt der Vormarsch des Islams beschließen die Antike und lassen eine neue Epoche anbrechen, das →Mittelalter.

 Komödie (Ursprung: Mitte 5. Jh. v. Chr.)

Die Komödie ist ein komisches Bühnenstück, dessen Dialoge und Handlungen u. a. durch Überzeichnung und Bestrafung menschlicher Schwächen Heiterkeit beim Publikum hervorrufen. Durch ihre Nähe zum menschlichen Leben hat sie sich in unterschiedlichen Varianten durch alle Epochen hindurch großer Beliebtheit erfreut.

Wie fast alle römischen Gattungen, so hat auch die Komödie ihren Ursprung in der griechischen Literatur. Römische Dichter haben zunächst griechische Komödien aufgegriffen und umgestaltet. Diese Art der Komödie nannte sich nach dem griechischen Kleidungsstück »pallium« (griechischer Mantel) Palliata. Doch nicht nur die Kostüme waren griechisch, sondern auch die Szenerie (meistens Athen), die Namen, die Handlung etc. Die bekanntesten römischen Komödiendichter →Plautus und Terenz (ca. 190–159 v. Chr.) haben im 3. und 2. Jh. v. Chr. viele Palliaten geschrieben.

Die Palliata wurde gegen Ende des 2. Jh. v. Chr. durch die Togata (die römische Entsprechung, benannt nach der römischen »toga«) abgelöst. Die Togaten waren von Aufbau und Handlung her den Palliaten sehr ähnlich, aber doch Neuschöpfungen römischer Dichter.

Ab der →Kaiserzeit bis ins →Mittelalter ist nur noch der Mimus von Bedeutung: eine weitere, zunächst unliterarische Form des komischen Schauspiels, das – wie seine Bezeichnung durchklingen lässt – von Nachahmung bzw. Nachäffen lebt. Er ist dem Stegreifspiel sehr ähnlich. Ähnlich wie bei der Fabel wird in dieser volksnahen Gattung die lateinische Sprache bereits im Mittelalter durch die Volkssprachen abgelöst.

Lehrgedicht (Ursprung: 7. Jh. v. Chr.)

Wissen als Inhalt und Verskunst als Form, das zusammen in einen Text gebracht, macht das Lehrgedicht aus. In der Antike war es kein Widerspruch, beides miteinander zu verbinden, zumal in vorliterarischer Zeit der Rhythmus der Verse (meistens Hexameter) die Worte und das in ihnen dargebotene Wissen erheblich einprägsamer machte. Später, als Dichtung nicht nur mündlich weitergegeben, sondern auch niedergeschrieben wurde, behandelten die griechischen Dichter umfassende Themen wie z. B. Philosophie, Astronomie, Geographie etc.

Am Anfang dieser Gattung steht die *Theogonie* (Ursprung der Götter) des griechischen Dichters Hesiod (um 700 v. Chr.). In Rom etablierte sich das durch die griechische Literatur beeinflusste Lehrgedicht mit Lukrez' (97–55 v. Chr.). In seinem Werk *De rerum natura* (Über die Natur der Dinge) vermittelt er die Lehren des griechischen Philosophen Epikur (→ Philosophie). In → Augusteischer Zeit waren es → Vergil und → Ovid, die in dieser Gattung Erfolge feierten, jeder in seiner gewohnten Weise. Vergil erhaben – seine *Georgica* (Lehrgedicht über den Landbau) mit einer über den bloßen Landbau weit hinausgehenden Bedeutung. Ovid spielerisch – mit der → *Ars amatoria* ahmt er den Stil des Lehrgedichts nach, verkehrt aber gelegentlich dessen literarische Bestandteile ins Ironische.

Für die christliche Literatur bot sich im Lehrgedicht das geeignete Medium, um Christen in ihren Lehren zu unterweisen.

 Livius (ca. 59 v. Chr. – 17 n. Chr.)

Titus Livius wurde ca. 59 v. Chr. in Patavium (heute Padua) geboren und starb dort im Jahre 17 n. Chr. Er stand nie im öffentlichen Leben, war weder Politiker noch Feldherr. Dadurch ist über sein Leben nur wenig bekannt. Er widmete es ganz und gar seinem großen Geschichtswerk → *Ab urbe condita*, das ihn bis an sein Lebensende beschäftigte.

Sein Einstehen für eine sittliche Erneuerung, für eine Rückbesinnung auf die altrömischen Werte – wie viele andere war auch er der Meinung, dass der Untergang der → Republik auf den Verfall der Sitten zurückzuführen sei – stand vollkommen im Einklang mit der Politik der → Augusteischen Zeit. So ist es kein Wunder, dass Livius Augustus' Sympathie erwarb und von ihm gefördert wurde. Im Grunde hat er in Prosa das für Rom geleistet, was kurz vor ihm → Vergil mit seinem → Epos → *Aeneis* vollbracht hatte – beide schwärmten von einem neuen »alten Rom«.

Sein literarischer Wert ist sehr viel höher als sein historischer. Es kam Livius darauf an, möglichst eindringlich und einsichtig darzustellen, wie Rom zur Weltmacht aufgestiegen und warum die Republik in einem fast hundert Jahre währenden Prozess zerfallen war. Dies ist ihm meisterlich gelungen, und auf dieser großen Leistung beruht sein Ruhm.

 Lyrik (Ursprung: 2. Hälfte 7. Jh. v. Chr.)

Ursprünglich war Lyrik Gesang, der zur Lyra, einem Musikinstrument mit fünf bis sieben Saiten, vorgetragen wurde. Kurz gesagt, bedeutet Lyrik im engeren Sinne Lieddichtung und gehört somit zu den Dichtungsgattungen.

Im weiteren Sinne umfasst sie aber auch rein literarische, also nicht gesungene Gedichte. Was diese als lyrisch auszeichnet, ist nicht nur ihre Versform und ihr Sprachrhythmus, sondern insbesondere ihre Subjektivität. In ihnen wird das Empfinden des Dichters zum Ausdruck gebracht, was je nach Stimmung und Situation verschiedene Versmaße und Themen bedingt.

Die Themen sind dem Wesen der Lyrik entsprechend persönlicher Natur. So finden sich in → Catulls *Carmina* u.a. Liebesgedichte, in den *Oden* des → Horaz verschiedene private Erlebnisse, in → Martials *Epigrammen* Spottgedichte und in Prudentius' (ca. 348–405 n. Chr.) christlichem Werk z. B. Lobgedichte. Sie alle sind römische Lyriker, deren bewegende oder auch heitere Verse die Leser bis heute berühren.

Zur Lyrik des → Mittelalters gehören teils christliche Gesänge (Hymnus und Sequenz), teils weltliche Lieder wie die der → *Carmina Burana*.

Martial (ca. 40 – 102/103 n. Chr.)

Marcus Valerius Martialis wurde ca. 40 n. Chr. in Bilbilis (Spanien) geboren und starb in seiner Heimat ungefähr 102/103 n. Chr. Als er im Jahre 64 n. Chr. nach Rom kam, war er finanziell darauf angewiesen, Förderer seiner Dichtkunst zu haben. Er fand sie u. a. in → Seneca, dem Dichter Lukan (39–65 n. Chr.) und → Plinius. Die geistige Elite der frühen → Kaiserzeit stand also hinter ihm, was eindeutig für seine dichterische Begabung sprach. Diese trug ihm einen selbstverdienten Lebensunterhalt ein, als er zwischen 80–101 n. Chr. seine *Epigramme* veröffentlichte, die schnell unter seinen Zeitgenossen populär wurden.

Der Titel ist gleichlautend mit der Gattung → Epigramm. Martials *Epigramme* stehen inhaltlich der → Satire nahe. Ähnlich wie der Satirendichter Juvenal (ca. 60–130 n. Chr.), mit dem er befreundet war, nahm er die Laster und Unarten der Menschen aufs Korn, allerdings ohne sie zu verurteilen. Insofern sind sie unterhaltsam und witzig. Ferner handelt es sich um Gelegenheitsgedichte zu Geburtstagen, Hochzeiten oder Gedichte, in denen er seine kaiserlichen Gönner Titus (79–81 n. Chr.) und Domitian (81–96 n. Chr.) umwarb. Als ihm die Gunst der nachfolgenden Kaiser nicht in gleicher Weise zuteil wurde, kehrte er ca. 98 n. Chr. nach Spanien zurück.

Metamorphosen (entstanden: 2 – 8 n. Chr.)

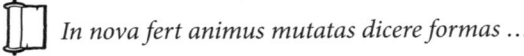

In nova fert animus mutatas dicere formas ...

Der Titel des Werkes benennt zugleich sein zentrales Thema – Verwandlungen. In 250 Geschichten entrollt → Ovid eine Chronologie, die mit der Entstehung der Welt beginnt und mit der Ankündigung der Vergöttlichung des Augustus (→ Augusteische Zeit) endet. Es werden Götter, Helden und Menschen verwandelt. Sie entstammen zumeist der antiken Mythologie, aber auch der Geschichte Roms. Trotz epischer Länge – die *Metamorphosen* umfassen mehr Verse als das Nationalepos der Römer, die → *Aeneis* Vergils – unterhalten sie durch ihre oft in einem ironischen Unterton beschriebenen menschlichen wie auch göttlichen Schwächen. Besonders die der Leidenschaft wird von Ovid, der auch Liebeslyriker war, bevorzugt behandelt. Wie auch bei der → *Ars Amatoria* macht Ovid einem die Gattungszuordnung nicht leicht. In Hexametern verfasst, gehören die *Metamorphosen* der Form nach zum → Epos. Inhaltlich und motivisch spielen sie jedoch auf viele andere Gattungen, wie z. B. die → Komödie, an. Wer die antike Mythologie kennenlernen möchte, wird viel Freude an der Lektüre der *Metamorphosen* haben.

 Mittelalter (etwa Mitte 6. Jh. n. Chr. – Mitte 15. Jh. n. Chr.)

Das Christentum ist die zentrale, in allen Bereichen bestimmende Macht des Mittelalters. Nachdem es im Jahre 391 zur Staatsreligion ernannt worden war, breitete es sich von Konstantinopel ausgehend auch unter den germanischen Völkern aus, die es mit ihren Wanderungen durch halb Europa trugen. Christliche Frömmigkeit prägte das gesamte Leben der Menschen des Mittelalters.

Auf höchster Ebene war es der Papst – das Oberhaupt der Katholischen Kirche –, der so mächtig war, dass er, konkurrierend mit den weltlichen Herrschern, das politische Geschehen der christianisierten Welt mitbestimmen konnte. Auf untergeordneter Ebene bildeten Bistümer und Klöster die kleineren Einheiten der Kirche.

Aus dem Bedürfnis heraus, ein in der Abgeschiedenheit eines Klosters allein Gott gewidmetes Leben zu führen, hatten sich zwischen dem 6. und 13. Jh. verschiedene Mönchsorden gebildet. Mönche und Geistliche waren nahezu die einzigen, die lesen und schreiben konnten. So kam es, dass die Klöster zu Zentren neuen und zu Bewahrern alten Schrifttums wurden. In den Scriptorien wurden antike Texte von Mönchen abgeschrieben und so der Nachwelt überliefert. Doch längst nicht jeder Geistliche beherrschte die Kunst des Lesens und Schreibens. Ab dem 5. Jh. hatte die Bildung einen Niedergang erfahren, der sogar den Klerus erfasste. Dieser Zustand besserte sich erst wieder durch die karolingische Reform im 7. und

8. Jh. Angestoßen wurde sie durch den Frankenkönig Karl den Großen (768–814).

Die Franken hatten sich in den Jahrhunderten nach der Völkerwanderung zur politisch stärksten Macht des christlichen Abendlandes entwickelt. Selbst um 500 christianisiert, trieben sie durch ihre Unterwerfung anderer Völker, insbesondere der Sachsen, die Christianisierung in Richtung Osteuropa weiter voran. Ihr Reichsgebiet umfasste zur Zeit Karls des Großen ungefähr das ganze heutige Frankreich und Deutschland sowie halb Italien. Nicht nur die Größe des Frankenreiches und die Tatsache, dass es sich zu weiten Teilen auf ehemaligem römischen Staatsgebiet befand, sondern auch Karls Interesse an Bildung und Sinn für Kultur spornten ihn an, dem Vorbild des Römischen Reiches nachzueifern. Politisch tat er dies in seinem Selbstverständnis als Nachfolger der römischen Kaiser, indem er sich im Jahre 800 in Rom vom Papst zum Kaiser krönen ließ.

Kulturell setzte er ebenfalls auf die Wiederbelebung antiker Traditionen. Die von ihm unternommenen Bemühungen zur Hebung des Bildungsniveaus und seine Förderung eines kulturellen Aufschwungs nennen wir heute karolingische Reform. Diese orientierte sich zwar an dem Ideal der Antike, war jedoch zuvorderst Ausdruck christlicher Frömmigkeit.

So ist es zu verstehen, dass die Literatur des 8.–10. Jh. vorwiegend christliche Themen verarbeitete oder christlichen Zwecken diente. Ihre Formen entlehnte sie – abgewandelt – der Antike oder fand ihren eigenen Ausdruck in neuen Gattungen. Die Predigt war z. B. ein christlicher Ableger der → Rede, ebenso wie die Heiligenlegende sich in ihren frühesten Ursprüngen auf die → Geschichtsschreibung berufen kann und der Hymnus (eine Form der → Lyrik) fortan zum Lobe Gottes erklang. Als neue, rein christlich motivierte Gattung entstand das geistliche Spiel. Seine Anfänge hatte es in der Kirche als eine szenisch dargestellte Heilsgeschichte und war gewissermaßen eine Illustration des – auf Lateinisch! – Gesungenen und Gesagten. Handlung, Anzahl der Spieler und Umfang der Dialoge wurden immer weiter ausgebaut. Da es zunehmend unter weltlichen Einfluss geriet, wurde das geistliche Spiel im 13. Jh. aus der Kirche heraus auf den Marktplatz – den Lebensmittelpunkt der Stadt – verwiesen, was den Grundstein für eine weitere Veränderung legte. Die Volkssprache begann, den lateinischen Text abzulösen.

Hinter dieser Entwicklung im Kleinen steht jedoch eine viel folgenreichere im Großen: die im 12. Jh. allmählich einsetzende Entwicklung der Städte und Verweltlichung von Kultur und Bildung. Das höfische Ideal hatte sich gewandelt: Auch Rittern und dem Adel stand es nun gut zu Gesicht, über einen gewissen Bildungsgrad zu verfügen, d. h. wenigstens lesen und schreiben zu können. Dem höfischen Lebenswandel entsprechend war dabei nicht Latein von Interesse, sondern die eigene Volkssprache. In der Stadt, die den Hof umgab, florierte die Wirtschaft. Für Kaufleute war es von Vorteil, Rechnen und Schreiben zu beherrschen, damit sie Buch über ihre immer größer werdenden Einnahmen und Ausgaben führen konnten. Egal wo – ob in der Verwaltung der Höfe oder in den Handelskontoren der Städte – überall wurden vermehrt Menschen mit Bildung gebraucht.

Diesem Umstand kam die Entstehung der Universitäten entgegen. Ihr Urvater ist der stets fragende, zweifelnde, alles analysierende Gelehrte und Geistliche Petrus Abaelardus (1079–1142); Pierre Abélard ist sein romanischer Name. Um diesen Verstandesmenschen sammelten sich Schüler, um mit ihm gemeinsam die Dinge zu ergründen und sich Wissen anzueignen. Diese Gemeinschaft von Lehrern und Schülern nannte sich »universitas magistrorum et scholarium«. Da Gelehrtheit nur beim Klerus zu finden war, befanden sich diese Gemeinschaften in Klöstern, jedoch ohne die Absicht ihrer Schüler, selbst Mönche zu sein oder zu werden. Sie wollten ohne Bindung an irgendeinen Zweck einfach nur lernen.

Das Beispiel machte im wahrsten Sinne des Wortes Schule. Paris und Abaelardus waren nur der Anfang. Weitere »universitates« folgten, zunächst in Oxford und Cambridge, später flächendeckend in ganz Europa. Ihre Fächer umfassten eine Art Grundstudium, in dem wissenschaftliche Methoden erarbeitet wurden, die Fakultäten des Rechts, der Theologie und später auch der Medizin. Hier, in der Wissenschaft, hielt sich Latein als Sprache der länderübergreifenden Verständigung. Denn häufig zogen die meist mittellosen Studenten von Lehrer zu Lehrer umher. Ihrem Bestreben, durch Singen Geld zu verdienen, verdanken wir die sogenannte Vagantenlyrik (→ Lyrik), die wir mit den → *Carmina Burana* noch heute genießen. So wie sich das verweltlichte Schauspiel von der Kirche löste, löste sich die verweltlichte, also nicht mehr Gott dienende Bildung vom Kloster und etablierte sich in den Städten. Fortan existierten Bildung und Wissenschaft auch außerhalb der Klöster. Ein neues Selbstbewusstsein erwuchs den Menschen.

Diese allgemeine Verweltlichung ließ die Volkssprachen noch stärker in den Vordergrund treten. Das Abendland stand an der Schwelle zu einer neuen Epoche. An einem Geistlichen und Dichter des ausgehenden Mittelalters wird dies besonders deutlich: Francesco Petrarca (1304–1374). Er beherrschte beide Sprachen und schrieb sowohl in seiner Volkssprache Italienisch als auch in Latein. Seinem Interesse für die Antike lag der Wunsch zugrunde, die Denkweise der Menschen damals zu verstehen. Er hatte einen Sinn für ihre Kultur und sah in ihr einen Wert an sich. In Petracas Sichtweise zeigen sich Ansätze des Humanismus (→ Neuzeit).

Zu dieser Zeit, also im 14./15. Jh., hatten sich auch die territorialen und politischen Verhältnisse geändert. Nach dem Tod Karls des Großen im Jahre 814 war das Frankenreich in mehrere Gebiete zerfallen. Politisch maßgeblich waren im 10. und 11. Jh. das aus dem Gebiet des ostfränkischen Reiches hervorgegangene Reich der Ottonen, das die Idee des römischen Kaisertums und Imperiums wieder aufnahm, und im 13. Jh. das aus dem westfränkischen Reich entstandene Frankreich. Mehr kulturell als politisch spielte Italien ab dem 14. Jh. als Ausgangspunkt für den Humanismus eine bedeutende Rolle. Diese Reiche waren die Grundlage für unsere heutigen Staaten. Am Ende des Mittelalters waren alle Voraussetzungen für die geistige wie auch physische Formung Europas geschaffen.

Morus, Thomas (1478–1535)

Thomas Morus oder englisch Thomas More wurde 1478 in London geboren und 1535 hingerichtet. Er erhielt eine humanistische Schulbildung (also Unterricht in Latein und Griechisch) und eine juristische Ausbildung. Als Rechtsgelehrter und Mensch von hoher Bildung, scharfem Verstand und unbestechlichem Urteilsvermögen empfahl er sich für eine politische Karriere im Dienst des Königs von England, Heinrich VIII. (1509–1547). Thomas Morus war ein Gegner Martin Luthers (1483–1546) und unterstützte den König gerne bei der schriftlichen Glaubensauseinandersetzung mit dem Reformator.

Der Bruch mit dem König kam, als dieser sich aufgrund fehlender Zustimmung des Papstes nicht von seiner Frau trennen durfte und die Oberhoheit über die Kirche in seinem Land übernahm, um alle seine Trennungs- und Heiratswünsche skrupellos durchsetzen zu können. Thomas Morus' katholische Frömmigkeit verbot ihm, dieses Handeln zu unterstützen. Seinem Glauben treu, verweigerte er 1534 die Anerkennung des Königs als Oberhaupt der Kirche in England. Die Eigenschaften, die ihm einst zum Aufstieg verholfen hatten, bedeuteten nun seinen Untergang. Wegen seiner unabhängigen Meinung und seines unbeugsamen Willens nahm er das Todesurteil in Kauf und wurde 1535 enthauptet.

Während seines ganzen Lebens war Thomas Morus literarisch tätig, wobei er als Humanist auch lateinische Werke verfasste. Kurz bevor er in den Dienst des Königs trat, hat er sein namhaftestes Werk in Latein geschrieben: *Utopia*. Anhand eines Inselkönigreiches entwickelt und beschreibt er einen Staat, wie er sein sollte. Dieses erfundene Ideal stand Pate für den Gattungsbegriff Utopie.

Er wurde von der Katholischen Kirche 400 Jahre nach seinem Tod heilig gesprochen. Neben Martin Luther und → Erasmus von Rotterdam war er einer der bedeutendsten Freigeister der beginnenden → Neuzeit.

Mostellaria (unbekannt)

 Grumio: Exi e culina sis foras, mastigia ...

Die *Mostellaria* (Gespensterstück) ist eine → Komödie des römischen Komödiendichters → Plautus. Wann er sie geschrieben hat und wann sie das erste Mal aufgeführt wurde, ist nicht bekannt.

Dreh- und Angelpunkt dieses Stückes ist der bauernschlaue Sklave Tranio. Ihm gelingt es zwar, mit seinen Lügen alle zum Narren zu halten, doch muss er stets neue erfinden, damit die vorherigen nicht aufgedeckt werden. Am Ende hilft ihm keine Lüge mehr. Sein Herr findet alles heraus, kann Tranio aber nicht zur Rechenschaft ziehen, weil dieser sich auf einen Altar geflüchtet hat. Dieser Ort ist vergleichbar mit einer Kirche. Wer an diese geschützten Orte flüchtet, dem wird Asyl gewährt. Die Komik entsteht durch Tranios Dreistigkeiten, die obendrein nicht bestraft werden können.

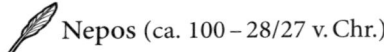

Nepos (ca. 100 – 28/27 v. Chr.)

Cornelius Nepos wurde ca. 100 v. Chr. geboren und starb ungefähr 28/27 v. Chr. nach einem, wenn man die Zustände der damaligen Zeit berücksichtigt (→ Niedergang der Republik), langen und unaufregenden Leben. Letzteres hatte er wahrscheinlich dem Umstand zu verdanken, dass er nie politisch tätig war und deshalb nicht in die herrschenden Wirren und Machtkämpfe involviert wurde.

Er hat sich ganz seiner schriftstellerischen Tätigkeit, überwiegend der → Geschichtsschreibung gewidmet. Am bekanntesten, aber nicht vollständig überliefert, sind seine Biographien mit dem Titel *De viris illustribus* (Über berühmte Männer), in denen er Lebensbeschreibungen berühmter Römer und Griechen (oder anderer berühmter Männer) einander gegenüberstellt. Hervorzuheben sind hier *Hannibal*, *Cato der Ältere* und die besonders gelungene Biographie *Atticus*.

Hannibal ist eine der 25 noch erhaltenen Biographien. Schon der Beginn seiner Darstellung verrät große Anerkennung für den Feldherrn, Staatsmann und Gebildeten. Nepos berichtet über das ganze Leben des fast zum Helden stilisierten Hannibal. Je nachdem, ob sich die geschilderten Ereignisse überschlagen oder langsam ablaufen, erzählt er sie rascher oder lässt sich Zeit mit ihrer Schilderung. An seiner Charakterisierung Hannibals fällt auf, dass er immer wieder dessen Klugheit und Listenreichtum hervorhebt und diese Eigenschaften in mehreren lebhaft geschilderten Anekdoten bildreich darstellt. Doch Hannibal wird nicht nur als Mann mit bewundernswerten Eigenschaften, sondern auch mit erstaunlichen Fähigkeiten beschrieben. Deren Betonung mag wohl Balsam auf die durch die Punischen Kriege verwundeten Seelen der Römer gewesen sein. Ist es doch tröstlich, bewiesen zu bekommen, dass eine der größten außenpolitischen Krisen Roms nicht durch einen Niemand verursacht wurde. Für diesen Beitrag zur Geschichtsschreibung war die römische Leserschaft Nepos sicher dankbar.

Bei allen Biographien ist Nepos' Ziel nicht Lehrhaftigkeit, wie sonst häufig in der Geschichtsschreibung üblich, sondern Unterhaltung. Gerade das erfreut bei der Lektüre.

 Neuzeit (etwa Mitte 15. Jh. n. Chr. – Gegenwart)

Zu Beginn der Neuzeit greifen drei Bewegungen und Entwicklungen von bedeutender Tragweite eng ineinander: die geistige Strömung des nach Bildung strebenden Humanismus, die kulturelle Bewegung der Renaissance und die religiöse Entwicklung der Reformation.

Der Humanismus – sein Name ist Programm, bedeutet doch »humanitas« zugleich Menschentum und feine Bildung. Für die Humanisten bedarf das eine des anderen zu seiner Entwicklung. → Cicero war diesbezüglich das größte Vorbild der Humanisten. Entsprechend liegen ihre geistigen Wurzeln in Italien, dem Mutterland der Römischen → Republik und dem Land, in dem zu Beginn der Neuzeit die renommiertesten Universitäten gegründet wurden und mehr Menschen als anderswo in Europa lesen und schreiben lernten. Früheste Ansätze humanistischen Gedankenguts sind im 14. Jh. bei dem italienischen Dichter Francesco Petrarca (1304–1374) zu finden.

Der Mensch des → Mittelalters hatte in dem Bewusstsein oder vielmehr in der Gewissheit gelebt, dass sein Schicksal in Gottes Hand liegt. In der Verantwortung des Menschen lag seine Verpflichtung, ein Leben nach christlichen Maßstäben zu führen, um Gott zu ehren und um nach dem Tod zu ihm in den Himmel zu kommen. Das Jenseits befand sich paradoxerweise mehr im Zentrum des Lebens als das Diesseits, in dem der Mensch nicht viel auszurichten hatte. Treffend wäre hier die Umkehrung eines bekannten Sprichwortes: Gott lenkt, ohne dass der Mensch denkt. Genau dies sollte während der Reformation zum entzweienden Streitpunkt zwischen dem Humanisten → Erasmus von Rotterdam und dem Reformator Martin Luther (1483–1546) werden: die Diskussion über den freien Willen des Menschen. Luther vertrat die Auffassung, dass das Handeln des Menschen durch die Allmacht Gottes vorherbestimmt ist, während Erasmus der festen Überzeugung war, der Mensch sei von Gott mit einem freien Willen bedacht worden. Dieser Streit ist Ausdruck dessen, was der Humanismus war und was er bewirkte. Er stellte dem »unfreien« Christenmenschen des Mittelalters das Ideal des gebildeten und kultivierten Menschen der Antike gegenüber.

Die Hinwendung zur Antike als Vorbild bedeutete eine Hin- bzw. Rückwendung zum Diesseits. Der Mensch erfuhr die Wiederentdeckung seiner selbst als Individuum und aller damit verbundenen Gestaltungsmöglichkeiten seines irdischen Lebens. Kunst und Kultur blühten in der Renaissance auf, und zwar als menschliche Ausdrucksformen.

Die Entzweiung von Erasmus und Luther und die von da an getrennten Wege des Humanismus und der Reformation setzt eine vorherige Gemeinsamkeit voraus. Dies war die Unzufriedenheit über die Missstände in der Katholischen Kirche. Viele Humanisten, darunter vor allem Erasmus, gehörten zu ihren schärfsten Kritikern und ebneten damit den Weg für Luthers Reform, die letztlich keine war, sondern zur Glaubensspaltung führte, die 1555 mit dem Augsburger Religionsfrieden besiegelt wurde. Doch Friede herrschte noch lange nicht unter den Konfessionen. Der Dreißigjährige Krieg, der verheerende Ausmaße annahm, war eine weitere Folge der Reformation. Wirkliche religiöse Toleranz gab es erst durch den Westfälischen Frieden, der den Krieg 1648 beendete. Diese weitreichenden Umwälzungen hatten ein europäisches Staatensystem hinterlassen, das in etwa dem heutigen entspricht.

Niedergang der Republik (133–27 v. Chr.)

Dieser etwas mehr als hundert Jahre währende Abschnitt der → Republik ist von vielen Bürgerkriegen gekennzeichnet. Die Expansion des Römischen Reiches und die Verteidigung seiner Außengrenzen stellten den Regierungsapparat, der ursprünglich für die Stadt Rom und ihre nähere Umgebung konzipiert worden war, vor große verwaltungstechnische, militärische und soziale Schwierigkeiten. Innere Reformen waren notwendig, um mit dem äußeren Wachstum Schritt zu halten. Diese Reformen, ihr Ausmaß und ihre Durchführung trieben einen Keil zwischen den Senat und das Volk. Politische Konflikte wurden mit Worten, aber auch mit Waffen ausgefochten. Es kam zu einer Militarisierung der Politik, die den erfolgreichsten Feldherren gleichzeitig zum erfolgreichsten Staatsmann machte.

Dementsprechend ist dies die Epoche der großen Redner (→ Rede) und der großen Feldherren. Allen voran sind → Cicero und → Caesar zu nennen. Wer sich von politischen und militärischen Aufgaben fernhält, macht sich mit der → Geschichtsschreibung um den Staat verdient und erwirbt auf diese Weise ewigen Ruhm. Dieses Ideal vertrat → Sallust, der neben Caesar der bedeutendste Geschichtsschreiber dieser Epoche war. Mit ihnen war die Blüte der römischen Prosa erreicht. Die Dichtung bekam durch → Catull und die Neoteriker neue Impulse. Für sie lag die höchste Kunst im Kleinen. Daher verschmähten sie das → Epos und schrieben kurze, aber künstlerisch sehr ausgefeilte Gedichte. Der neue Stil ihrer → Lyrik weist auf die Augusteische Dichtung (→ Augusteische Zeit) voraus.

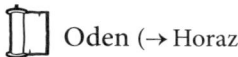 Oden (→ Horaz)

 Ovid (43 v. Chr. – 17/18 n. Chr.)

Publius Ovidius Naso ist ein Dichter der → Augusteischen Zeit. Er wurde 43 v. Chr. in Sulmo (heute Sulmona in den Abruzzen) geboren und war der Sohn eines Ritters aus altem Landadel, also wohlhabend. Zunächst studierte er Rhetorik in Rom und arbeitete kurze Zeit als Staatsbeamter und Jurist. Die senatorische Laufbahn brach er jedoch ab, um sein Leben ganz der Dichtung zu widmen. Aus nicht ganz geklärten Gründen wurde er im Jahre 8 n. Chr. von Kaiser Augustus nach Tomis am Schwarzen Meer verbannt. Zeit seines Lebens durfte Ovid nicht nach Rom zurückkehren, was ihm sehr zusetzte, weil er vom kulturellen Leben Roms abgeschnitten war. 17 oder 18 n. Chr. starb Ovid in der Verbannung.

Zu seinen bekanntesten Dichtungen zählen die *Amores* (Liebesgedichte), die *Heroides* (fingierte Liebesbriefe zwischen mythischen Frauengestalten und ihren Gatten oder Geliebten), die → *Ars Amatoria*, die → *Metamorphosen*, die *Tristia* (Trauergedichte) und seine *Epistulae ex Ponto* (Briefe aus der Verbannung).

Er war einer der vielseitigsten Dichter Roms, der sowohl in verschiedenen Gattungen als auch Versmaßen geschrieben hat. Sein außerordentlicher Sprachwitz und seine spielerische Leichtigkeit im Umgang mit Worten beeindruckt bis heute seine Leser.

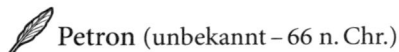
Petron (unbekannt – 66 n. Chr.)

Von Gaius Petronius Arbiter weiß man im Wesentlichen nur das, was der Geschichtsschreiber → Tacitus in seinen *Annales* über ihn berichtet. Wann er geboren wurde, ist uns nicht überliefert. Dafür wissen wir umso genauer, wann und vor allem wie er gestorben ist. Zunächst hat er erfolgreich öffentliche Ämter bekleidet, zog sich danach aber wieder ins private Leben zurück. Durch seine ehemaligen Ämter hatte er Zugang zum Hof Neros (54–68 n. Chr.), dessen Vertrauen er in höchstem Maße genoss. Petron, bekannt für seinen feinen Geschmack und Sinn für Lebensgenuss – hierin galt er regelrecht als Experte – wurde, wenn es um Kultiviertheit ging, stets von Nero zu Rate gezogen. Diese Funktion am Hofe des Kaisers brachte ihm seinen Beinamen Arbiter ein, von »arbiter elegantiae« (Schiedsrichter in Dingen des feinen Geschmacks). Neidisch auf Petrons einflussreiche

Position, hat ein Prätorianerpräfekt namens Tigellinus ihn in den Verruf gebracht, an einer Verschwörung gegen den Kaiser beteiligt zu sein. Petron ereilte dasselbe Schicksal wie → Seneca. Er bekam den Befehl zum Selbstmord. Bevor er sich selbst die Adern öffnete, ließ er den mehr gefürchteten als respektierten Kaiser wissen, was er von ihm hielt.

Ebenso schillernd wie Petrons Persönlichkeit ist sein satirischer, aber nicht moralisierender → Roman *Satyrica* (Geschichten aus dem Land der Satyrn). Trotz seiner leider sehr fragmentarischen Überlieferung gibt er uns ein lebhaftes und unterhaltsames Bild der Sitten, vor allem der schlechten, sowie der Dekadenz der frühen → Kaiserzeit. Encolpius – die Hauptfigur – berichtet von seinen erotischen, aber alles andere als ruhmreichen Abenteuern. Es gibt mehrere Einschübe in Versen, die die zeitgenössische Dichtung parodieren, und eingebettete Erzählungen. Letztere finden sich auch bei → Apuleius, der sicher von Petron inspiriert wurde.

Ausgesprochen faszinierend für damalige wie auch heutige Leser ist Petrons Virtuosität im Umgang mit der lateinischen Sprache. So variiert er beispielsweise den Sprachstil seiner Figuren nach Herkunft und Bildungsniveau, besonders anschaulich in dem berühmtesten Abschnitt des Romans, der »Cena Trimalchionis« (Gastmahl des Trimalchio).

Phaedrus (15 v. Chr. – ca. 55 n. Chr.)

Über Phaedrus gibt es kaum sichere Informationen. Ursprünglich aus Makedonien stammend ist er als Sklave nach Rom gekommen, wurde dann aber von Kaiser Augustus (→ Augusteische Zeit) freigelassen. Nur sein Werk – 5 Bücher *Fabeln* – gibt uns Auskunft über sein Leben.

Die → Fabel war neu in Rom. Noch neuer war ihre Form: Phaedrus schrieb sie in Versen und beabsichtigte, sie durch ihre dichterische Ausgestaltung zu einer eigenständigen Gattung zu erheben. Teils benutzte er griechische Prosafabeln als Vorlage, teils schuf er neue, eigene Fabeln. Die Vielfalt des Inhalts ist groß: Sein Werk umfasst Anekdoten, Parabeln, lustige Geschichten etc. Seine Fabeln dienten vor allem der Unterhaltung, aber auch der moralischen Belehrung. Letztere wurde als Kritik an der herrschenden Regierung missverstanden, so dass Phaedrus, wie auch andere Schriftsteller der früheren → Kaiserzeit, in Konflikt mit der Obrigkeit geriet. Für ihn ist es glimpflich ausgegangen. Er durfte weiterhin schreiben, was er bis in seine letzten Lebensjahre hinein tat.

 Philosophie (Ursprung: 6. Jh. v. Chr.)

Von jeher hat den Menschen beschäftigt, was die Welt bewegt, wie sie entstand, woraus sie besteht und später auch, welche Rolle der Mensch in ihr spielt, wie er sich gegenüber anderen Menschen verhalten soll, was das Richtige ist, worin der Sinn des Lebens besteht etc. Dieser Wissensdurst hat ihn dazu getrieben, den Dingen auf den Grund zu gehen, sich ungefähr ab dem 6. Jh. v. Chr. nicht mehr damit zufrieden zu geben, dass die Götter die einzige Antwort auf all diese Fragen sind. Der Schritt von der Mythologie zur Philosophie im antiken Griechenland war getan.

Zunächst ging es ausschließlich um die verstandesmäßige Erklärung von Naturerscheinungen. Mit dem griechischen Philosophen Sokrates (470–399 v. Chr.) rückte außerdem der Mensch und das Sein in den Mittelpunkt des philosophischen Interesses. Von da an bildeten sich verschiedene Schulen (im Sinne von Lehreinrichtungen) bzw. philosophische Richtungen: die von Platon (427–348/47 v. Chr.) gegründete Akademie, die Schule der Epikureer und die der Stoiker. Letztere beschäftigten sich mit Fragen der Lebensführung, wobei beide den Weg zum Glück im Menschen selbst suchten. Die Epikureer, indem sie sich nichts versagten, was Körper und Seele brauchten, ohne jedoch die ihnen fälschlicherweise nachgesagten Ausschweifungen zu propagieren. Sie plädierten für ein Leben in Zurückgezogenheit, um die Seele im Gleichgewicht zu halten. Die Stoiker sahen es als größte Weisheit und Glückseligkeit an, alles so zu nehmen, wie es kommt.

An die genannten drei Schulen lehnt sich die römische Philosophie im Wesentlichen an. Römische Autoren, die das philosophische Gedankengut der Griechen in eigenen Werken für die römische Geisteswelt erschlossen haben, waren vor allem → Cicero (Akademiker) in seinen philosophischen Schriften, Lukrez (97–55 v. Chr.) und → Horaz (beide Epikureer) sowie → Seneca (Stoiker) in seinen → *Epistulae morales* und anderen philosophischen Abhandlungen. Jedoch hat keiner von ihnen eigene Theorien entwickelt. Ihre Hauptleistung liegt in dem Wissenstransfer, den sie vollbracht haben. Diesbezüglich überragt Cicero alle anderen, weil er die umfassendste philosophische Bildung besaß. Er zählte sich zwar zu den Akademikern, hat sich aber ebenso für die Lehren der anderen Schulen interessiert, hat jeder das nach seiner Ansicht Beste abgewonnen und der abendländischen Kultur eröffnet. Dabei hatte es die Lehre der Stoiker den Römern besonders angetan, weil sie das ihrem Wesen ohnehin innewohnende Pflichtgefühl besonders hervorhob. In der → Kaiserzeit waren es vor allem Seneca und Kaiser Mark Aurel (121–180 n. Chr.), die die stoische Lehre fortsetzten, ihre Strenge jedoch etwas milderten. Insbesondere Moral und Tugendhaftigkeit der Stoiker kamen dem im 2. Jh. n. Chr. stärker werdenden Christentum sehr entgegen, das vieles aus der stoischen Philosophie in sich aufnahm, aber auch noch durch andere philosophische Einflüsse geprägt wurde. Die letzte philosophische Schule wurde 529 n. Chr. von Kaiser Justinian (527–565 n. Chr.), dem letzten römischen Kaiser, geschlossen. Das nunmehr dominante Christentum überlagert die antike Philosophie und wird zur bestimmenden Religion des → Mittelalters. Die antike Philosophie nicht als Gegensatz zum christlichen Glauben zu betrachten, sondern sie zu einem Bestandteil desselben zu machen, versuchte die mittelalterliche Scholastik.

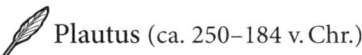

Plautus (ca. 250–184 v. Chr.)

Titus Maccius Plautus wurde ungefähr 250 v. Chr. in Sarsina (in Umbrien) geboren und starb 184 v. Chr. Über sein Leben herrscht weitgehend Ungewissheit. Mit einiger Sicherheit lässt sich nur sagen, dass er als junger Mann am Theater gearbeitet hat. Er hat ausschließlich → Komödien nach griechischen Vorlagen verfasst. Mit diesen Vorlagen ist er äußerst frei umgegangen, um die Publikumswirksamkeit der Stücke zu steigern. Dass der logische Verlauf der Handlung oder die Einheit der Charaktere dabei zuweilen auf der Strecke blieb, störte weder Plautus noch sein Publikum. Seine Stücke waren für das einfache Volk gedacht, das sich am besten durch derbe Späße, Prügelszenen und die ihm vertraute Alltagssprache unterhalten ließ. Zudem war die Handlung übersichtlich, weil es Standardcharaktere gab, die fast in jedem Stück auftauchten.

Von den 21 (nicht immer vollständig) überlieferten Komödien waren und sind die beliebtesten: → *Mostellaria*, *Miles Gloriosus* (Der prahlerische Soldat) sowie *Rudens* (Das Seil).

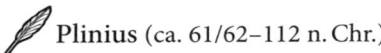 Plinius (ca. 61/62–112 n. Chr.)

Gaius Plinius Caecilius Secundus lautet der vollständige Name Plinius' des Jüngeren. Er wurde 61 oder 62 n. Chr. in Novum Comum (heute Como) geboren und starb ca. 112 n. Chr. in der Provinz Bithynien. Sein Onkel, Plinius der Ältere (23/24–79 n. Chr.), der in Rom lebte, nahm sich seiner an und ermöglichte ihm eine rhetorische Ausbildung bei dem berühmten Lehrer der Beredsamkeit Quintilian (ca. 35–96 n. Chr.). Plinius wurde zu einem bedeutenden Redner (→ Rede) der frühen → Kaiserzeit. Nachdem er verschiedene Staatsämter bekleidet hatte, wurde er ca. 111 n. Chr. von Kaiser Trajan (98–117 n. Chr.) als Statthalter in die Provinz Bithynien (nördliches Kleinasien) entsandt, um dort für geordnete Verhältnisse zu sorgen. Aus dieser Zeit stammt sein Briefwechsel mit dem Kaiser, der einen Teil seines Gesamtwerkes, den *Epistulae* (Briefe), ausmacht.

Er schreibt an Kaiser Trajan, um sich mit ihm beispielsweise über den Umgang mit den Christen zu beraten. Diese sogenannten echten → Briefe sind für uns von großem historischen Interesse, da sie uns ein Bild davon geben, wie mit dieser neuen »Sekte« in der frühen Kaiserzeit verfahren wurde. Etliche Briefe an Freunde hatte er bereits verfasst, als er sich noch in Rom befand. Dieser Teil der *Epistulae*, der zwischen 97/98–109 n. Chr. entstanden ist, zählt zu den Kunstbriefen (→ Brief). In ihnen befasst Plinius sich mit unterschiedlichen Themen, wobei meistens das geistige und kulturelle Zentrum der antiken Welt – also Rom – im Mittelpunkt steht. Gesteigerte Aufmerksamkeit verdienen die beiden Briefe über den Vesuvausbruch im Jahre 79 n. Chr., bei dem Pompeji vollständig ausgelöscht wurde und sein Onkel ums Leben kam. Dieses außerordentliche Naturereignis erweckte das besondere Interesse des mit Plinius befreundeten Geschichtsschreibers → Tacitus, an den die beiden Briefe gerichtet sind.

Nach Plinius' Tod hat der Biograph Sueton (ca. 70–150 n. Chr.) die Privatbriefe und die Briefe an Kaiser Trajan zusammengefasst und als Einheit in zehn Büchern veröffentlicht.

 Rede (Ursprung: 5. Jh. v. Chr.)

Die Rede im antiken Griechenland entstand aus verschiedenen Notwendigkeiten heraus: Man brauchte sie, um mit ihr Politik zu machen oder vor Gericht jemanden zu verteidigen bzw. anzuklagen; manchmal diente sie aber auch nur dazu, sich am Formulieren zu erfreuen und um zum Spaß zu wetteifern, wer der beste Redner sei. Der jeweilige Anlass hatte immer dasselbe Ziel: Es ging bei allen Reden darum zu überzeugen. So gedieh aus der Notwendigkeit eine Kunst, die sich Rhetorik nannte und immer noch nennt.

Die gehaltenen Reden wurden teilweise schriftlich ausgearbeitet und veröffentlicht. So entstand eine literarische Gattung, die wesentlich zur Entwicklung der Kunstprosa beitrug. Daher ist es kein Zufall, dass → Cicero nicht nur der erfolgreichste Redner, sondern auch der berühmteste Prosaautor der römischen Antike ist. Dank seines großen rhetorischen Talents und seiner umfassenden Bildung schuf er einen sehr prägnanten Stil. Zur gleichen Zeit war auch → Caesar politisch aktiv und ein angesehener Redner. Zweifellos war die Zeit des → Niedergangs der Republik der Höhepunkt der politischen Rede.

Diese verlor nach der Einführung des Prinzipats (→ Kaiserzeit) zunehmend an Bedeutung. Die Gerichtsrede aber behielt ihre Daseinsberechtigung. Außerdem war sie frei von politischen

Ambitionen und daher unverfänglich. Sie blieb Betätigungsfeld für rhetorisch begabte Männer wie die beiden Schriftsteller →Tacitus und →Plinius, der außerdem auf Kaiser Trajan (98–117 n.Chr.) eine Lobrede gehalten hatte. Auch wenn Gerichtsrede und Lobrede weiterhin ihren Sinn hatten, verfiel die Redekunst im Allgemeinen doch. Der Unterricht an den Rhetorenschulen war reine Theorie. Die nicht mehr praktizierte Rede geriet zum Selbstzweck, zur sogenannten »declamatio« (Redeübung).

Ab dem 3. und 4. Jh. n.Chr. sind es vornehmlich die Kirchenväter, die Reden in Form von Predigten hielten.

 Republik (510–27 v.Chr.)

Die Bezeichnung für diesen Abschnitt der römischen Geschichte, die gleichzeitig auch dessen Regierungsform benennt, basiert auf dem lateinischen Begriff der »res publica« (gemeinsame Sache). Das ist durchaus wörtlich zu nehmen. Die Römer verstanden sich als Teil einer großen Gemeinschaft, für die es Verantwortung zu übernehmen galt. Dementsprechend gehörte es zu den höchsten Ehren, im Staatsdienst für das Wohl des Gemeinwesens zu sorgen.

Hierfür waren drei Organe zuständig: der Magistrat (Beamte, die in einer festen Hierarchie eingebunden waren), der Senat (ein Ältestenrat) und das Volk (durch Volkstribunen und in Volksabstimmungen).

Diese Machtaufteilung war das Resultat einer Jahrhunderte währenden Entwicklung. Nach der Abschaffung des Königtums gegen Anfang des 6 Jh. v.Chr. hat sich das Volk Roms Schritt für Schritt in den sogenannten Ständekämpfen die zivilrechtliche Gleichstellung und die politische Mitwirkung erstritten. Um 300 v.Chr. waren die Ständekämpfe abgeschlossen. Das bedeutete, dass auch nichtadlige Männer zum höchsten Amt des Staates – dem Konsulat – Zutritt hatten.

Innerhalb dieser Entwicklung liegt der Beginn der römischen Literatur, der sogar ein offizielles Datum hat: 240 v.Chr. wurde das erste Drama in lateinischer Sprache aufgeführt. Es stammte von Livius Andronicus (ca. 284–204 v. Chr.), der außerdem das griechische Epos *Odyssee* ins Lateinische übertragen hat. Damit schuf er die Grundlage für die beiden in dieser Epoche vorherrschenden Gattungen: das Drama, sowohl → Komödie als auch → Tragödie, und das → Epos. Bekannte Vertreter dieser Dichtungsgattungen waren Naevius (ca. 270/265–190 v. Chr.) und Ennius (239–169 v. Chr.); speziell für die Komödie → Plautus und Terenz (ca. 195/185–159 v. Chr.). Die Anfänge einer römischen Prosa begründete Cato der Ältere (234–149 v. Chr.) mit einem Werk über die Gutshofhaltung.

Er war auch derjenige, der sich vehement für die Zerstörung Karthagos einsetzte, zu der es 146 v. Chr. tatsächlich kam. Die vielen bis hierhin geführten Kriege hatten dem Römischen Reich eine erhebliche territoriale Vergrößerung eingebracht, die nun ihren Tribut forderte. Sowohl innen- als auch außenpolitische Konflikte führten zum → Niedergang der Republik.

 Roman (Ursprung: ca. 1. Jh. v. Chr.)

Zunächst ist anzumerken, dass es den Gattungsbegriff Roman in der Antike ebenso wenig gab wie eine andere konsequent für diese Art von Literatur verwendete Bezeichnung. Roman basiert auf dem altfranzösischen Wort »romanz« (romanische Sprache), der Name für die im spätmittelalterlichen Frankreich gesprochene Sprache und alle in ihr geschriebenen Werke. Unabhängig vom Begriff existierten aber in der Antike sehr wohl literarische Werke, die man heute als Roman bezeichnet.

Erste romanhafte Elemente in Werken verschiedener Gattungen gab es bereits im Griechenland des 4. Jh. v. Chr. Die Blütezeit des Romans fällt jedoch in die → Kaiserzeit. Hauptvertreter der Gattung war der griechische Liebesroman, dessen Handlung meist so verläuft: Zwei Liebende werden getrennt, müssen gefährliche Abenteuer bestehen und trotz Trennung und Gefahr stets ihre Treue beweisen. Am Ende steht immer das Happy End mit dem Wiedersehen des leidgeprüften Pärchens. Dieses Schema fordert zur Parodie heraus, die der römische Autor → Petron mit seinen *Satyrica* (Geschichten aus dem Land der Satyrn) auf brillanteste Weise geschaffen hat. Der zweite bedeutende römische Roman sind die *Metamorphoseon libri 11* (Verwandlungen in 11 Büchern) des →Apuleius, der von Petron beeinflusst wurde. Der Roman war also schlichtes Unterhaltungsmedium und unterscheidet sich in diesem Merkmal ganz deutlich vom feierlich-erhabenen →Epos.

Auch die Christen verloren das Interesse an unterhaltender Literatur und damit am Roman nicht. Die apokryphen (d.h. nicht zum Kanon der *Bibel* gehörigen) *Apostelgeschichten* aus dem 2.–6. Jh. n. Chr. berichten vom Leben des Petrus, des Paulus und anderer Apostel. Die in die Geschichten einfließenden Elemente des griechischen Abenteuer- und Liebes-Romans sowie des historischen Romans machten sie zu einer Lektüre von großer und lang anhaltender Beliebtheit.

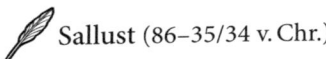 Sallust (86–35/34 v. Chr.)

Gaius Sallustius Crispus wurde 86 v. Chr. etwa 90 km von Rom entfernt geboren und starb ungefähr 35/34 v. Chr. Im politischen Kampf zwischen Volk und Senat um das größere Mitbestimmungsrecht im Staat (→Niedergang der Republik) stand Sallust, genau wie →Caesar, auf der Seite des Volkes. Entsprechend war er Anhänger Caesars und dessen Politik. Sallust hoffte darauf, dass Caesar den marode gewordenen Staat retten könne. Diese Hoffnung wurde durch dessen Ermordung zerschlagen.

Sallust zog sich von der politischen Bühne zurück und widmete sich der →Geschichtsschreibung: In den Vorreden zur →*Catilinae Coniuratio* und zum *Bellum Iugurthinum* (Der Krieg gegen Jugurtha) legt er dar, welch große Bedeutung er der Geschichtsschreibung beimisst. Politik machen kann nur, wer die Vergangenheit verstanden und aus ihr gelernt hat. Diese niederzuschreiben und vor allem zu analysieren, betrachtete er als seine Aufgabe, seinen Dienst am Staat, der nicht geringer zu bewerten sei als der Staatsdienst selbst. In den genannten Geschichtswerken nahm er einzelne historische Ereignisse und stellte sie in einen größeren Zusammenhang, um die Ursachen für die Angeschlagenheit der »res publica« aufzudecken.

Von der Wahrheitsfindung hatte er eine eigene Auffassung. Es kam ihm nicht auf historische Genauigkeit an, sondern auf die Genauigkeit des Bildes zum Zwecke der größtmöglichen Anschaulichkeit. Seine Darstellungen sind belebt durch Charakterporträts, Reden und Exkurse. Sein Stil hat ihn berühmt gemacht und stark auf → Tacitus gewirkt. An einem dritten Werk, den *Historiae* (Zeitgeschichte), hat er bis zu seinem Lebensende gearbeitet.

 Satire (Ursprung: Ende 3. Jh. v. Chr.)

Sowohl Datierung als auch Ursprung der Satire sind eng mit ihrer römischen Definition verbunden. Satire im Sinne von Spott hat es zwar schon in der griechischen Literatur gegeben, aber die Römer machten mehr aus diesem literarischen Stilmittel: Abgeleitet aus dem Begriff »lanx satura« (mit allerlei Früchten gefüllte Schüssel) vermischten sie unterschiedliche Themen (u. a. private, politische, philosophische), dargebracht in verschiedenen Formen (als Gedicht, → Epigramm etc.) und Metren.

Dies gepaart mit einer sehr persönlichen Betrachtungsweise macht die Satire zu einer Dichtungsgattung römischen Ursprungs. Von Ennius (239–169 v. Chr.) an entwickelte sie sich weiter, bis sie auch das heutige Verständnis des Satire-Begriffs mit einschloss: die Verspottung menschlicher Schwächen oder bestimmter Charaktertypen und die Anprangerung von Missständen. → Horaz schrieb humorvolle Satiren. Erst mit Persius (34–62 n. Chr.) und Juvenal (ca. 60–130 n. Chr.) wird die Satire ernst, düster und teilweise bitterböse. Dass die Blüte der Gattung in die frühe → Kaiserzeit fällt, mag an der damaligen Herrschaftsform bzw. ihren Repräsentanten liegen. Anstelle der offenen, z. B. als → Rede im Senat vorgetragenen Kritik, trat nun die indirekte, die in Form von satirischer Literatur im privaten Bereich entstand.

In der → Neuzeit hat → Erasmus von Rotterdam in seinem satirischen Werk *Encomium moriae* (Lob der Torheit) mit Kritik an der Kirche nicht gespart. Diese Satire stellt den Höhepunkt der Gattung in neulateinischer Sprache dar.

Seneca (4 v. Chr. – 65 n. Chr.)

Lucius Annaeus Seneca wurde 4 v. Chr. in Cordoba (in Spanien) geboren und beging 65 n. Chr. auf Befehl Kaiser Neros (54–68 n. Chr.) Selbstmord. Er hatte eine große Karriere hinter sich. Schon als Kind verließ er Cordoba, wo sein Vater Seneca der Ältere lebte, weswegen er zur Unterscheidung Seneca der Jüngere genannt wird. Nach Rom gekommen, erhielt er dort eine rhetorische und philosophische Ausbildung. Er erwarb sich einen guten Ruf als Redner, Senator und Schriftsteller. Aufgrund seiner Fähigkeiten übertrug man ihm 49 n. Chr. die Ausbildung bzw. Erziehung Neros, der 54 n. Chr. im Alter von nur 17 Jahren Kaiser wurde. Seneca wurde Neros wichtigster Berater. Von allen Schriftstellern der → Kaiserzeit war er also derjenige, der der Macht am nächsten war und den größten politischen Einfluss ausübte – nicht in Form eines Staatsamtes im Sinne der → Republik, sondern ganz seiner Epoche entsprechend in Form eines höfischen Amtes. Sein positives Einwirken auf Neros Regierungstätigkeit wurde durch die Willkür des Herrschers zunehmend abgeschwächt. 62 n. Chr. verließ Seneca den Hof und lebte auf seinen Gütern. Dort verbrachte er die Zeit mit reicher literarischer Produktion.

Seneca verfasste viele philosophische Schriften (→ Philosophie), eine Satire und mehrere Tragödien. Den größten Ruhm trugen ihm seine Briefe, die → *Epistulae morales* ein, in denen seine philosophische Grundhaltung als Stoiker zum Tragen kommt.

Doch wer unter einem inzwischen zum Tyrannen entarteten Kaiser berühmt wird, lebt gefährlich. 65 n. Chr. ereilte ihn der Selbstmordbefehl Neros. Wie sehr Seneca die Lehre der Stoiker verinnerlicht und zu seinem Lebensprinzip gemacht hatte, zeigte sich in der Ausführung dieses Befehls. Die von den Stoikern angestrebte Gemütsruhe und Selbstbeherrschung in allen Lebenslagen praktizierte er, ja er zelebrierte sie fast, als er in den Tod ging.

Die Kunstfertigkeit seiner Prosa wird gerne mit der → Ciceros verglichen, obwohl Senecas Stil anders ist. Beide hatten eine ähnlich starke Nachwirkung auf die europäische Kultur.

Tacitus (ca. 55 – 120 n. Chr.)

Publius Cornelius Tacitus wurde ca. 55 n. Chr. geboren und starb ungefähr 120 n. Chr. Wie sein Freund → Plinius war auch er ein erfolgreicher Redner seiner Zeit. Er durchlebte sowohl die Schatten- als auch die Sonnenseiten des 1. Jh. n. Chr. (→ Kaiserzeit). Inwieweit die Schreckensherrschaft des Kaisers Domitian (81–96 n. Chr.) ihn in seiner persönlichen Entwicklung gehemmt hat, ist schwer auszumachen. Einerseits hat er in Domitians Gunst gestanden und konnte erfolgreich senatorische Ämter durchlaufen, andererseits begann er mit der Geschichtsschreibung, in der er seine republikanische Gesinnung verrät und sich kritisch mit dem Prinzipat (→ Augusteische Zeit) auseinandersetzt, erst nach Domitians Ableben.

98 n. Chr. sind seine sogenannten kleinen Schriften → *Agricola* und → *Germania* erschienen. Danach widmete er sich größeren Werken, den *Historiae* und den *Annales*, in denen er die Kaiserzeit (die Jahre von 14–96 n. Chr.) behandelt. Im Unterschied zu → Sallust setzte er sich in der Tradition der Annalistik (→ Geschichtsschreibung) mit größeren Zeiträumen statt mit einzelnen geschichtlichen Ereignissen auseinander.

In der Darstellungsweise knüpfte er jedoch an seinen Vorgänger an. Lebendige Charakterporträts sowie düster gemalte Szenen zeichnen u. a. seine großen Werke aus. Dem Historiker im modernen Sinn des Wortes kommt er aufgrund sorgfältiger Prüfung der Quellen am nächsten. Deswegen wird er häufig als der größte Geschichtsschreiber der römischen Antike bezeichnet.

Tragödie (Ursprung: 2. Hälfte des 6. Jh. v. Chr.)

Die Tragödie ist griechischen Ursprungs und eine der beiden Hauptgattungen des Dramas. Die andere, ihr Gegenstück, ist die → Komödie. Ein Konflikt zwischen dem Menschen und der durch die Götter bestimmten, unverrückbaren Ordnung lag der dargestellten Handlung zu Grunde. Das Tragische am Stück und dessen Ausgang ist, dass der unschuldig in Konflikt geratene Mensch deshalb untergehen muss, weil sein Handlungsspielraum nur zum Scheitern verurteilte Möglichkeiten umfasst. Die Tragödie diente weniger der Unterhaltung als vielmehr der Erbauung. Die Ehrfurcht des Publikums vor dem Protagonisten, der sein unabwendbares Schicksal heldenhaft auf sich nimmt, erzeugte ein Gefühl der Erhabenheit.

Die römische Tragödie nimmt sich die griechische zum Vorbild. 240 v. Chr., also in dem Jahr, das als Beginn der römischen Literatur gilt, führte Livius Andronicus im Rahmen öffentlicher Feierlichkeiten die erste Tragödie in Rom auf. Die Aufführung einer Tragödie war eine kultische Handlung zu Ehren eines Gottes und gehörte damit zur Religiosität der Römer. Die Geschichte der Tragödie in der → Republik und in der Zeit des → Niedergangs der Republik lässt sich aufgrund der sehr fragmentarischen Überlieferung nur mühselig nachvollziehen. Bekannt ist uns, dass es in dieser Zeit vereinzelt Praetexta (benannt nach der römischen »toga praetexta«, einer mit Purpur gesäumten Toga) genannte Tragödien gab, die römische Stoffe (aus Sagenwelt oder Geschichte) behandelten.

Am besten sind die Tragödien → Senecas erhalten, die eine starke Neigung zum Grauenhaften und Unheimlichen haben. Er wollte zeigen, wie zerstörerisch sich ausgeprägte menschliche Leidenschaften auswirken können. Die Umsetzung dieses Anliegens ist ihm einzigartig gelungen. Er ist der letzte große Tragiker Roms.

Den Christen war die römische Tragödie ein Ärgernis, da sie untrennbar mit der Verehrung heidnischer Götter in Verbindung stand. Außerdem war sie in der christlichen Literatur gewissermaßen überflüssig, weil es für den sich vertrauensvoll dem göttlichen Heilsplan überantwortenden Christen keine Tragik und also auch keine Tragödie gab. Der Jenseits-Glaube hatte dem Diesseits-Bewusstsein den Rang abgelaufen.

Vergil (70–19 v. Chr.)

Publius Vergilius Maro wurde im Jahr 70 v. Chr. bei Mantua geboren und starb 19 v. Chr. in Brundisium (heute Brindisi). Er ist der berühmteste Dichter der Römer. Weltruhm erlangte er durch sein Hauptwerk, die → *Aeneis* (ein nach seinem Held Aeneas benanntes → Epos), in der er die Herkunft der Römer nach der Aeneas-Sage herleitet. Die *Aeneis* verkörpert die Identität und das Selbstbewusstsein Roms und seiner Bürger. Man beruft sich mit Stolz darauf, von den Trojanern abzustammen. So groß das Werk und seine Wirkung, so bescheiden und schüchtern sein Verfasser.

Vergil war ein unsicherer Mensch, der allem Aufsehen um seine Person entrinnen wollte. Dementsprechend entwickelte er – anders als → Ovid – keine besondere Liebe zu der Groß- und Kulturstadt Rom. Er bevorzugte ein zurückgezogenes Leben in Neapel, wo er 29 v. Chr. mit der Arbeit an der *Aeneis* begann. 19 v. Chr., in seinem Todesjahr, brach er nach Griechenland auf, um ihr dort den letzten Schliff zu geben. Er erkrankte jedoch bald, kehrte frühzeitig zurück und starb mit dem Gefühl, sein letztes Werk nicht vollendet zu haben.

Zu seinen früheren Werken gehören die *Bucolica* (Hirtengedichte) und die *Georgica* (ein → Lehrgedicht über Ackerbau und Viehzucht). Ferner existieren kleinere Gedichte, deren Echtheit jedoch heftig umstritten ist.

Bedeutsame Zeitgenossen, die seinen Lebensweg kreuzten, waren der Kunstförderer Maecenas, in dessen Dichterkreis er bereits nach dem Erfolg seiner Hirtengedichte aufgenommen wurde, → Horaz, → Ovid und Augustus (→ Augusteische Zeit).

Glossar

Akademiker

Akademiker sind Schüler der von dem griechischen Philosophen Platon 385 v. Chr. gegründeten Philosophenschule Akademie. Die Schule ist nach einem geweihten Hain, der sich in ihrer Nähe befand, benannt. Diese Schule und ihre (also größtenteils Platons) Lehren stellen den Beginn allen philosophischen Denkens dar. Die Anhänger dieser Lehren nennen sich ebenfalls Akademiker (z. B. Cicero).

In den an der Schule diskutierten und in Platons Werken behandelten Fragen geht es um den Weg zum wahren, verlässlichen Wissen. Nach Platons Auffassung bilden unsere Sinneswahrnehmungen keine geeignete Basis für wahres Wissen, weil die wahrgenommenen Objekte Veränderungen unterliegen. Wissen kann nur auf immer gleich bleibenden Gegebenheiten aufbauen, wie sie sich alleine in unserem Geist, in unseren Ideen befinden. Die Ideenwelt unseres Geistes ist der Wohnsitz der Wahrheit. Alles, was wir mit den Sinnen wahrnehmen, ist nur Abbild unserer Ideen. Des Menschen Aufgabe ist es, sich in die Ideenwelt zu begeben, um Wissen zu erlangen; Aufgabe des Staates ist es, dies dem Menschen zu ermöglichen.

Die Ideenlehre und Staatstheorie Platons ist ein Stoff für die Ewigkeit. Seit ihrer Entstehung haben sich Philosophen unablässig mit ihnen auseinandergesetzt, sie fortgeführt, weiterentwickelt, verfeinert. In allen ihren starken Stämmen und feinsten Verästelungen hat die platonische Philosophie das antike und später europäische Denken so durchwurzelt, dass sie aus unseren Köpfen wortwörtlich nicht mehr wegzudenken ist.

Buch

In der Antike gab es noch keine Bücher wie wir sie heute kennen, weil die Schreibmaterialien andere waren. Bis in die römische Kaiserzeit hinein gab es den Papyrus zum Beschreiben (eine Pflanze, die getrocknet und ähnlich einem Webmuster in Längs- und Querstreifen miteinander verbunden wurde). Mehrere Blätter wurden aneinander geklebt und ergaben so einen bis zu 10 m langen Papierstreifen, der aufgerollt wurde. Diese Rolle nannte sich Buch.

Während der Kaiserzeit entwickelte sich eine andere Technik: Die Blätter wurden gefaltet und geheftet (ähnlich dem heutigen Buch); dieser »Stapel« von Blättern heißt Codex. Da der eher brüchige Papyrus für diese Buchform nicht gut geeignet war, wurden zunehmend getrocknete und geglättete Tierhäute (Pergament) für Codices verwendet. Ab dem 4. Jh. n. Chr. setzte sich die Buchform des Codex endgültig durch.

Elegisches Distichon

Distichon bedeutet Doppelvers, d. h. zwei verschiedene Verse bilden zusammen eine Einheit. Beim elegischen Distichon sind dies der Hexameter und der Pentameter. Die Bezeichnung »elegisch« verweist auf die Art von Gedichten, in denen dieses Distichon verwendet wird: die Liebeselegie (z. B. bei Ovid). Außerdem sind Epigramme häufig in elegischen Distichen geschrieben (z. B. bei Martial).

Epikureer

Epikureer sind Anhänger der Lehren des griechischen Philosophen Epikur, der 306 v. Chr. eine philosophische Schule in Athen eröffnete. Wie die Stoiker beschäftigten sich die Epikureer mit dem rechten Weg zum Lebensglück, wobei diese beiden philosophischen Richtungen zu unterschiedlichen Ergebnissen gelangten. Die Epikureer sahen die Zurückgezogenheit ins private Leben mit der Muße und Möglichkeit, dem philosophischen Denken freien Lauf zu lassen, als Glückseligkeit an. Ihr Eintreten für den geistigen Genuss gipfelte und konzentrierte sich in Horaz' »carpe diem« (nutze den Tag). Ein Aufruf, der leider oft missverstanden und missbraucht wurde, um sich unter dem Deckmantel der epikureischen Philosophie leiblichen Genüssen hinzugeben. Anfang des 4. Jh. n. Chr. waren Platons Lehren und das stark gewordene Christentum der Grund für den Untergang dieser Schule.

Freigelassener

Ein Freigelassener ist ein Sklave, der als Belohnung für gute Dienste von seinem Besitzer freigelassen wurde. Trotzdem bestand weiterhin eine enge Bindung zwischen dem ehemaligen Besitzer und ihm. Er trug dessen Namen und stand auch weiterhin unter seinem rechtlichen Schutz. Er konnte durchaus zu Wohlstand und Ansehen gelangen.

Hexameter

Der Hexameter ist ein Vers mit einer bestimmten Abfolge von langen und kurzen Silben.

Auf eine lange Silbe folgen zwei kurze (= Daktylus) oder eine weitere lange (= Spondeus), wobei die ersten Längen betont werden. Kurze Silben werden nicht betont.

Dieser Versfuß (= Metrum) wird sechsmal wiederholt und ergibt als gesamten Vers den Hexameter (= sechs Metren).

Verwendet wird der Hexameter im Epos oder im Lehrgedicht.

Kirchenvater

Kirchenväter sind hochgestellte Männer der Kirche des 2. bis etwa 6. Jh. n. Chr. Mit ihren literarischen Werken verbreiteten und erklärten sie den christlichen Glauben. Bei aufkommenden

Glaubensfragen trugen sie mit zu Lösungsansätzen bei und trafen Entscheidungen, die von der Kirche als Lehren anerkannt wurden. Sie hatten also kirchenpolitische Aufgaben und in der Versorgung ihrer Gemeinden zusätzlich beratende Funktion. Die bekanntesten Kirchenväter sind Hieronymus (ca. 340–420 n. Chr.), Ambrosius (339–397 n. Chr.) und Augustinus (354–430 n. Chr.).

Lateinische Sprache

An den Schulen wird das gelehrt und überwiegend gelesen, was wir heute als klassisches Latein (das Latein der Antike) bezeichnen. Das Latein des Mittelalters nennt man Mittellatein, das der Neuzeit Neulatein. Diese Einteilung wurde erst im Nachhinein vorgenommen. Sie beschreibt die verschiedenen Entwicklungsstufen der lateinischen Sprache.

Literatur, römische und lateinische

Es gibt die Begriffe »römische Literatur« und »lateinische Literatur«. Was sie voneinander unterscheidet, ist ihr Kontext. Als »römisch« bezeichnet man die Literatur, die eine geistige Beziehung zu Rom und zur römischen Kultur hat. Der Begriff »lateinische Literatur« ist im Zusammenhang mit der Spätantike (= spätere Kaiserzeit), dem Mittelalter oder der Neuzeit zutreffend.

Pentameter

Das Wort Pentameter bedeutet übersetzt: fünf Metren (= Versfüße). Wie der Hexameter setzt sich der Pentameter aus Daktylen bzw. Spondeen zusammen.

Der Pentameter hat einen festen Einschnitt in der Mitte des Verses, sodass er wie zwei halbe Hexameter aussieht: zweieinhalb Daktylen oder Spondeen, dann der Einschnitt gefolgt von noch einmal zweieinhalb Daktylen. Zweimal zweieinhalb ergibt fünf. Daher die Bezeichnung als Pentameter.

Er wird, von ganz wenigen Ausnahmen abgesehen, nur in Verbindung mit dem Hexameter im elegischen Distichon verwendet.

Provinz und Statthalter(schaft)

Die römische Provinz ist eine Verwaltungseinheit des Römischen Reiches, die aufgrund der zunehmenden Ausdehnung seines Herrschaftsgebietes geschaffen wurde, um das Reich besser zu organisieren. Die unterworfenen Gebiete außerhalb Italiens heißen Provinzen und werden von einem jährlich wechselnden Statthalter (proconsul) regiert. Zur Zeit der größten Ausdehnung des Römischen Reiches gab es über 20 Provinzen.

Ritter

Das Wort Ritter bedeutet auch Reiter. Im alten Rom bestand aus ihnen die Reiterei bei kriegerischen Auseinandersetzungen, wobei ihnen das Pferd vom Staat gestellt wurde. Reiche Bürger, die sich ein eigenes Pferd leisten konnten, ergänzten die Reiterei. Zusammen ergaben sie eine Gesellschaftsschicht, die von der Ausdehnung des Römischen Reiches insbesondere durch Handel profitierte. Sie bekamen politische Funktionen, die ihnen zusätzliches soziales Ansehen einbrachten. Die ehemalige Gesellschaftsschicht erstarkte zum »Mittelstand« zwischen dem Volk und dem Senat.

Senat

Der Senat ist neben Magistrat und Volk eines der drei tragenden Staatsorgane der Römischen Republik. Als Rom noch von Königen regiert wurde, war er lediglich ein Ältestenrat aus Adligen, die den König berieten. Nach der Abschaffung des Königtums übte der Senat zusammen mit dem Magistrat die Macht aus, bis sich das Volk die politische Mitbestimmung erkämpft hatte (Ende der Ständekämpfe um 300 v. Chr.). Fortan konnte das Volk gegen die politischen Beschlüsse des Senats vorgehen, sofern diese das Volk betrafen. Die Anzahl der Senatsmitglieder wuchs über die Jahrhunderte von anfänglich 100 bis auf 600 in der späten Republik.

Stoiker

Die Schule der Stoiker ist kurz nach der Schule der Epikureer gegründet worden. Der Name leitet sich ab von Stoa, der griechischen Säulenhalle, die den Stoikern als Versammlungsort diente.

Die Frage nach dem Weg zum Lebensglück beantworteten sie gänzlich anders als die Epikureer. Die Stoiker hatten ein kosmologisches, allumfassendes Weltbild. Glück bedeutete für sie, sich in diesem Ganzen zurechtzufinden und den ihnen zukommenden Platz in der Gesamtheit einzunehmen. Sie verstanden sich also als Teil einer großen Ordnung, die sie geistig zu erfassen suchten. Unter ihnen herrschte das Ideal der Selbstbeherrschung und Gemütsruhe (die sprichwörtlich gewordene stoische Ruhe), dem man sich nur durch Disziplin und Tugendhaftigkeit nähern konnte. Wer sich durch äußere Gegebenheiten nicht erschüttern ließ, sondern innerlich unabhängig das seelische Gleichgewicht bewahrte, hatte den Weg zum Glück gefunden.

Tugend und Moral, das kam dem christlichen Denken sehr entgegen, das einige Elemente der stoischen Philosophie in sich aufgenommen hat.

Überlieferung

Jeder kennt das Wort Tradition, doch nur der Lateinkundige ist sich dessen sprachlichen Ursprungs bewusst: *trado, tradere* – übergeben, überliefern. Im Zusammenhang mit antiken Texten meint Überlieferung den Weg eines Textes von seiner Entstehung bis hin zum ersten gedruckten Buch. Diesen Weg zu rekonstruieren und die Geschichte eines Textes nachzuvollziehen, ist spannende Aufgabe heutiger Philologen.

Erste philologische Bemühungen um Texte (sammeln, sichten und herausgeben) gab es bereits in der berühmten Bibliothek von Alexandria. In der Antike waren Bibliotheken – öffentliche wie private – die Schatzkammern des Wissens. Im Mittelalter erfüllten Klöster diese Funktion, zumal fast ausschließlich Geistliche Lesen und Schreiben beherrschten, also die Einzigen waren, die Texte durch Abschreiben kopieren konnten. Diese Arbeit wurde mit der Entstehung des Buchdrucks mit beweglichen Lettern im 15. Jh. überflüssig. Ab dieser Zeit musste, dank der höheren Stückzahlen von Exemplaren eines Buches und dessen weit gestreuter Verbreitung, um den Fortbestand der antiken Literatur weniger gezittert werden.

Denn es ist eher die Ausnahme, dass ein antiker Text es überhaupt bis zum ersten Druck schaffte. Die Ursachen für die, wie wir heute wissen, großen Verluste an antiker Literatur sind vielfältig und werden heftig diskutiert. Vermutungen gehen dahin, dass im Zuge der Christianisierung die heidnische Literatur weniger gelesen, teilweise sogar vernichtet wurde. Der Verfall römischer Kultur und Bildung, der mit zum Untergang des Reiches beigetragen haben mag, war der Überlieferungssituation ebenfalls nicht förderlich. Die Unruhen und Kriege der Völkerwanderungen haben ihr Übriges getan. Im Laufe der Jahrhunderte ergänzten sich also die drei Hauptfeinde von Kultur und Literatur: Ideologie, Bildungsverfall und Krieg. Für die antiken Texte, die bis um 800 n. Chr. überliefert wurden, brachen mit der sogenannten karolingischen Reform unter Karl dem Großen bessere Zeiten an. Er förderte die Gelehrsamkeit und versuchte, das Bildungsniveau wieder anzuheben. Eine noch stärkere Rückbesinnung auf die Antike und ihre Literatur brachte der Humanismus. Seine geistige Haltung und vor allem der technische Fortschritt des Buchdrucks waren von entscheidender Bedeutung für die Erhaltung der antiken Texte, die damals noch vorhanden waren.

Unterricht und Ausbildung

Eine Schulpflicht gab es in der römischen Antike nicht. Bildung konnte sich nur leisten, wer Geld hatte, denn der Unterricht fand überwiegend bei Privatlehrern oder an Privatschulen statt. Es gab drei Stufen der Bildung: 1. die Elementarstufe, deren Unterricht aus Schreiben, Lesen und Rechnen bestand; 2. die Grammatikerschule, die eine universale Bildung, aber insbesondere Kenntnisse der Literatur vermittelte; 3. die Rhetorenschule, vergleichbar mit einer Hochschulbildung. An den Rhetorenschulen wurde von privat bezahlten oder später auch staatlich besoldeten Lehrern die Kunst der Rede gelehrt. Die Sprachbeherrschung zählte zu den höchsten Erziehungs- und Bildungsidealen der Antike. Neben Rhetorik wurde aber auch Philosophie unterrichtet. Aus diesen zwei Fächern bestand hauptsächlich die Ausbildung, die keine Berufsausbildung im heutigen Sinne ist, sondern das Erreichen eines hohen intellektuellen Niveaus in Kombination mit der Aneignung bestimmter Werte, die sich in Lebensführung und -einstellung niederschlagen.

Volkstribun

Tribunen sind Staatsbeamte oder Offiziere (also Angehörige des Militärs).

Die Volkstribunen zählen zu den Staatsbeamten, die, wie ihre Bezeichnung verrät, vom Volk für das Volk eingesetzt wurden. In den ca. 300 Jahren (ungefähr 6. bis 3. Jh. v. Chr.) der Ständekämpfe hatte sich das Volk die zivilrechtliche Gleichstellung und die politische Mitwirkung gegenüber dem patrizischen (= zum alten Adel gehörigen) Senat bzw. Magistrat erkämpft, der ursprünglich die alleinige Macht besaß. Um die neuen Rechte des Volkes zu wahren und sie auszuüben, bedurfte es des Volkstribunen. Er hatte das Recht, Volksversammlungen einzuberufen und bei Beschlüssen, die gegen die Interessen des Volkes verstießen, sein Veto einzulegen.

Literaturhinweise

Wissenschaftliche Lexika

Der Kleine Pauly. Lexikon der Antike, Konrat ZIEGLER – Walther SONTHEIMER (Edd.), München: dtv, 1979.
Lexikon der Alten Welt, Carl ANDRESEN – Hartmut ERBSE et alii (Edd.), Zürich und München: Artemis, 1990, Lizenzausgabe für Weltbild Verlag, Augsburg 1994.
WILPERT, Gero von, *Sachwörterbuch der Literatur*, Stuttgart: Kröner, [7]1989.

Sonstige Literatur

Propyläen Geschichte der Literatur. Literatur und Gesellschaft der westlichen Welt, Erika WISCHER (Ed.), Berlin: Propyläen, 1988.
Propyläen Weltgeschichte. Eine Universalgeschichte, Golo MANN – Alfred HEUSS (Edd.), Berlin und Frankfurt am Main: Propyläen, 1991.
BIELER, Ludwig, *Geschichte der römischen Literatur*, Berlin und New York: Walter de Gruyter, [4]1980.
BRINGMANN, Klaus, *Römische Geschichte. Von den Anfängen bis zur Spätantike*, München: Beck, [4]1998.
FUHRMANN, Manfred, *Römische Literatur*, Frankfurt am Main: Akademische Verlagsgesellschaft Athenaion, 1974 (Neues Handbuch der Literaturwissenschaft, Bd. 3).
FUHRMANN, Manfred, *Rom in der Spätantike. Porträt einer Epoche*, München und Zürich: Artemis & Winkler, 1994.
KINDER, Hermann – HILGEMANN, Werner, *dtv-Atlas zur Weltgeschichte. Karten und chronologischer Abriß*, München: dtv, [27]1993.

Ferner möchte ich auf meine umsichtige Nutzung des Internets sowie die Verwertung detaillierter Informationen aus wissenschaftlichen Textausgaben hinweisen.